U0907743

用童话润泽童心

我的教学微革命

佟生 著

长江出版传媒 | 长江文艺出版社

图书在版编目（CIP）数据

用童话润泽童心 ：我的教学微革命 / 佟生著.
武汉 ：长江文艺出版社，2025. 8. --（大教育书系）.
ISBN 978-7-5702-4094-4

Ⅰ. G623.202

中国国家版本馆 CIP 数据核字第 2025NZ8889 号

用童话润泽童心 ：我的教学微革命
YONG TONGHUA RUNZE TONGXIN ：WO DE JIAOXUE WEI GEMING

责任编辑：张　瑞　　　　责任校对：程华清
封面设计：名谷文化　　　　责任印制：邱　莉　胡丽平

出版：长江出版传媒 | 长江文艺出版社
地址：武汉市雄楚大街 268 号　　　邮编：430070
发行：长江文艺出版社
http://www.cjlap.com
印刷：武汉市首壹印务有限公司

开本：720 毫米×960 毫米　1/16　　　印张：16.75　　插页：4 页
版次：2025 年 8 月第 1 版　　　　2025 年 8 月第 1 次印刷
字数：237 千字

定价：56.00 元

佟生老师指导学生“出版”了270余本作品集

2023 年 6 月 16 日，佟生老师为孩子们策划的新书发布会于岱岳区“全学科阅读”现场会上盛大开幕

佟生老师阅读张文质老师的《教师的使命》一书，写下十万字读书随笔

佟生老师参加在长沙举办的第十一期张文质教育写作研修班

佟生老师代表岱岳区参加泰安市教师素养大赛，荣获一等奖

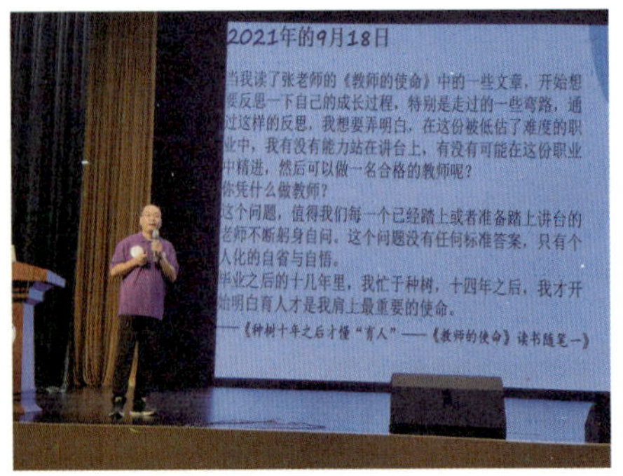

佟生老师在2023年全国第八届教育行走做“行走只是开始，行动才是人生”TED演讲

佟生老师在2024年全国第九届教育行走现场执教《蜜蜜甜的童年，甜蜜蜜的童话》公开课

佟生老师“岱岳出彩教师”视频片段

目录

从一堂课到一门课程

序一

在童话的星河里种下永恒春天

收到佟生老师的书稿《用童话润泽童心——我的教学微革命》，翻阅着一页页灵动的文字，我的眼前浮现出这样一幅画面：在泰山脚下的那所乡村小学里，课余时间，佟生老师忙碌的身影穿梭在教室和办公室之间，整理着一摞又一摞的童话书——那是他为孩子们精心挑选的阅读材料，是孩子们创作的充满创意与童真的童话故事，也是他童话教学设计的精彩案例。我仿佛看到佟生老师如对待珍宝般欣赏着孩子们的作品，眉眼间满是欣慰与喜悦。在许多人眼中，办学条件差、资源匮乏、生源流失严重的乡村学校似乎难以开展教学改革，更无法为孩子们提供优质的教育。然而，佟生老师却在这样的环境中，悄然编织着中国乡村教育最动人的童话。在钢筋水泥的丛林之外，在标准答案的缝隙之间，他用童话为孩子们筑起了一个永不消失的桃花源。

童话是照进现实的月光

孩子的童年本应是绚烂多彩的，但如果一切都围绕着考试转，我们的教育势必会将原本彩色的童年变成简单的黑白色。孩子们对学习失去了乐趣，对上学失去了期待，这也是导致有些孩子恐惧学校、厌倦学习的重要原因。作为一名语文教师，佟生老师没有只盯着教科书和试卷，他看到的是学生，是学生纯真无邪的眼睛，是学生对学校的好奇，是学生对老师的期待和信任。于是，从一年级开始，他就把绘本引进了课堂。通过《花格子大象艾玛》，他让孩子们懂得：我们都一样，但我们又不一样，要学会做自己。从此，孩子们被引入了童话的王国。

佟老师不仅通过多种方式引导孩子们读绘本、说绘本，还鼓励他们通过写故事、讲故事等形式进行续写。《猜猜我有多爱你》的学习与续写，让孩子们学会爱的表达；《彩虹色的花》的阅读以及学生绘制的“种子旅行地图”，让孩子们认识到生命的神奇；《蚯蚓的日记》等则让学生学会观察，认识科学……除此之外，佟老师还和孩子们一起创编童话故事，如一年级学习拼音时，通过创编《字母小弟奇遇记》，将知识记忆、语言表达与快乐游戏融为一体，让孩子们乐此不疲。在许多成人眼中，这些活动或许显得“幼稚”，但在佟老师的教学设计中，它们却化作打开童心的密钥，让孩子的想象力和创造力得以充分展现。看似“不务正业”的教学，实则是回归教育本质的深刻革命。

我相信，孩子们稚嫩的文字就像春天的蒲公英，乘着想象力的风，落在教育贫瘠的土壤里，然后生根、发芽。佟生老师的教育实践告诉我们：童话不是逃避现实的乌托邦，而是重构认知的诺亚方舟。

在时间的褶皱里耕种永恒

当孩子们进入三四年级后，学习的难度明显增加。时常听到有老师抱怨学生不爱读书，与别的班级差距越来越明显；抱怨家长不关心孩子的学习，不检查孩子的作业，更别提带着孩子读书了。而家长也因孩子的学习成绩不理想焦虑不已。重视教育且有一定经济能力的家庭会想方设法给孩子报各种补习班，但更多的普通家庭因自身文化水平或家庭条件所限，家长对孩子的学习不管不问，更别说陪伴孩子成长了。然而，佟生老师却在低年级开展童话阅读与讲故事、续写童话故事的教学活动，孩子们三年级能自己独立或合作创编童话故事，到小学五六年级能写出高水平的文章。

翻阅书稿中孩子们的一篇篇作品，我被子沫小朋友笔下十一只猫智斗大怪兽的故事深深地吸引了，被婧茹小朋友描写的猫队长和鼠小弟开心玩耍的情景逗得忍俊不禁，被岳桐小朋友笔下有爱心的大象艾玛所感染……看着孩子们笔下一个个可爱又聪慧的动物形象，我忍不住为他们鼓掌。如果说三年级的童话写作是在老师的引导下，通过仿写、续写、小组接力写作、画漫画编故事等多种形式激发孩子们的创作兴趣和热情，初步展现他们的创作才能的话，那么，孩子们升入四五年级后，童话写作则进入了一个“井喷期”。在老师的精心设计和引导下，孩子们创编的故事更加丰富多彩，角色、情节更加多样化，并灵活运用集体创编、个人创作、角色扮演、图文结合等形式……孩子们如同手中有了魔杖，再加上老师的及时点评和鼓励，写作不再是让他们头疼的事了，而是一场快乐的游戏。上课写不完，下课继续写；学校里写不完，回家继续写。读到五六年级孩子的作品时，我再次被震撼了——它们不再只是稚嫩的文字，也不再只是简单的故事，而是蕴含着孩子们的独立思考和人生追求，散发着真善美的光芒。透过孩子们的故事，我看到了文字中藏着的生命拔节的密码。这印证了一点：教育不是雕刻时光，而是陪伴时光自然生长。这种浸润，是遵循生命节律的智慧之举。

用童话为儿童生命涂上亮丽的底色

在教学的过程中，童话宛如一束温暖的阳光，照亮了孩子们的童年世界。阅读佟生老师的书稿不难发现，从一年级到六年级，他精心打造的童话课堂如同打开了一座神奇的宝藏，将孩子们引入一个充满奇幻与想象的世界。在课堂上，孩子们从《花格子大象艾玛》的故事中认识自我，通过《丑小鸭》的故事蜕变与成长，每一个故事都像一颗种子，悄然种在他们的心田。佟老师引导孩子们从欣赏绘本和童话开始，让他们在故事中学会善良、勇敢与坚持，这些美好品质如同绚丽的色彩，为孩子们的生命涂上了亮丽的底色。

在这个过程中，孩子们的创造力被充分激发，他们学会了用文字表达内心的情感与想象。最终，这些续写和创编的故事会聚成一本本独一无二的童话集，成为孩子们成长路上的珍贵记忆。而在教学过程中，佟老师并没有停留在讲童话故事、创编童话故事上，而是将童话课堂进一步丰富、完善，形成了独属于自己的童话课程。这不仅是一门学科，更是一种文化的传承，一种对孩子们心灵的滋养。通过童话课程，孩子们在知识的海洋中遨游，在想象的天空中翱翔，他们学会了用童话的眼光看待世界，用童话的笔触描绘生活，让童话的色彩永远闪耀在他们的生命之中。

在这个崇尚“赢在起跑线”的时代，佟生老师用自己的教学实践证明：真正的教育是让每个孩子都拥有属于自己的童话版本。当城市的家长焦虑于孩子不愿读书、不会写作文时，佟老师的学生正用童话破解写作魔咒；当教育专家在争论核心素养如何落地时，佟老师早已在课堂上通过童话把真善美的种子播种在孩子们的心田。这部书稿不仅是佟老师的教学手记，更为广大教育工作者打开了一扇新的窗口。它告诉我们：在最朴素的乡村教室，永远有一盏童话的灯，温柔地抵抗着教育的异化，守护着人性的本真。或许教育的真谛，就藏在这些沾着泥土芬芳的童话里——不是揠苗助长地追逐参天大树，而是允许每颗种子按照自己的时序，开出独一无二的花朵。

是为序。

孙明霞　正高级教师　山东省十大教育创新人物，明霞教师联盟发起人

序二

童话读写，让汉字跳动天真的脉搏

作为一名父亲，我常常思考一个问题：儿子什么时候可以像依恋妈妈一样依恋自己？在儿子四岁的时候我得到了答案。

那一年暑假，我带儿子回老家，坐在桑树底下给他读故事。儿子特别喜欢我给他读《海马宝宝》的故事，尤其是故事中海马宝宝长大后与海马爸爸分别的情节。读完后，他还要拉着我反复表演其中“离别”的场景。离别是让人伤感的，作为扮演者也是。所以，我很诧异儿子为什么要一次又一次“沉浸”在那离别的“悲伤”情绪之中。难道经由这种体验，儿子更好地体会到了什么是父子之爱？我发现，自从儿子“读懂”了这个故事之后，总会一再趴到我的怀里，向我诉说“我是想要回到育（儿）袋的海马宝宝”。这个时候，我仿佛找到了一种母亲般的骄傲与喜悦。那段时间，我们的父子之情，达到了前所未有的深度。

以后的好些年，我和儿子都会重读这个故事。每重读一次，似乎父子之情就会增进一层。我很感谢这本书，它让我和儿子获得了一个很好的情感训练方式，让我们可以确认和表达彼此的深情。

儿子四岁半的时候，我给他读《爸爸，你能听见吗》这本童书。故事中“我”的爸爸去世了，我想象爸爸在云端上。读这个故事的时候，儿子和我讨论怎么让故事中的爸爸从云端下来。我们讨论了好多种办法，儿子都不满意。

我突然想起了前几天读过的《杰克与魔豆》这本书，于是有些兴奋地说：

“这个儿子可以像杰克一样，种一棵魔豆，魔豆的茎长到天上去，他的爸爸就可以顺着茎滑下来了！”

“对呀！”儿子顿时面露微笑，转悲为喜了。我也松了一口气。不过，儿子那眼眶红红、噙满泪水的神情，当时令我好一会儿心里是疼痛而柔软的。

这只是对那个情形极简短的记叙，但通过这次阅读经历，我领悟了这个关于“死亡”的童话的教育意义：

> 或许，感知死亡正如体验离别的悲伤一样，以恰当的方式（儿童故事）让儿童触及未知的世界，触及巨大的“丧失”。然后，他们会更好地理解现实中与父母在情感上的“拥有”，也更能体验这种拥有的珍贵。

一个好的儿童故事，确乎可以让儿童和父母一起深入自己的内心，深化彼此情感的联结。我甚至难以想象，还有什么方式，可以产生这样的效应。

我之所以要花这么多笔墨来描述与儿子一起阅读童书的经历，实则是回应佟生老师在童话教学中常常遭遇的一个质疑：童话是不是骗人的？这个质疑来自家长、教师，也来自孩子。每当面对这样的疑问，佟生老师就忍不住想要大声疾呼：“全世界所有人都可以不相信童话，唯独有一类大人必须要相信童话——那就是教师和父母。”

也许，我的上述经历可以作为一个例证：我们可以经由童话抵达何处。如果不是这样的阅读与对话，一个4岁多的孩子如何深刻“理解”父子关系，如何以不过分悲伤的方式触及死亡的命题——这也是人在一生中的不同阶段需要思索的问题。

我想大概没有哪个儿童生来就是不相信童话的，这样的观念一定来自成人，尤其是父母和教师。所以，问题的核心是，为什么离儿童最近的人会不相信童话，以为童话只是欺骗小孩子的玩意儿呢？其中折射着怎样的现实？以我的理解，这中间既有对童话的轻视，更有对儿童的错误认知。

我们要探讨的是，怎样在儿童和童话之间生发最美好的际遇——用佟生老师的话来说，就是“用童话润泽童心”。阅读童话的人，或者带儿童阅读童话的人，自身不进入故事的情境，只是让儿童去感受和理解；更不愿唤醒自身内在的童年经历，以此作为与儿童对话交流的凭借，浮于文字表面，这自然无法孕育童话中那些真实的部分——体验的真实、情感的真实、想象的真实、人生基本命题的真实……童话的真实一定在阅读之中，在阅读着、想象着、交流探讨着的成人和儿童之中。但这中间的关键环节恐怕还在于大人：他要能接遇童话的惊奇之处，并接遇儿童对惊奇的惊奇，以此构建一个童话的世界——这个世界是完整的，是自足的，所以也是真实的。

《何以为父》这本书中有一段话特别触动我：

> 积极参与孩子的生活，是培养父亲与孩子之间情感联结的方法之一。这种参与不只是换个尿片或者参加学校娱乐活动这样的表面功夫。首要的一点，父亲的参与必须要能够拓展孩子的内在生命，尤其是孩子们的个人情绪体验。为了完成这个部分，父亲同时也需要参与到他们自己的内在生命中，包括他们的情感、冲动、思想、愿望、信仰和记忆印象，并且还要赋予这些内在生命以价值。通过对其内在生命的参与和调动，一个父亲便具备了理解力，这使得他能够开始认识自己孩子的主体性。

我在想，如果不是借助那些美妙的童话，仅仅依靠平庸凡俗的日常，我如何能够“参与自己的内在生命”呢？又如何能够“拓展孩子的内在生命”？童话的价值，或者说它的真实性，就在于参与并拓展我们内在的生命吧。

因为我们是人类，拥有丰富的生命体验。当我们在阅读中把这种静置于内的生命体验投注到动植物身上，并经由奇特的故事进行动态演绎时，我们才“认出”了“人”，并理解了人的一切。很多人对这一神奇的过程进行了精彩的描绘，比如“书像一面镜子，改变人的体验，并把它反射回来”“读者跨过这道门，就可以在想象中穿行，成为作者所创造或再现的世界中的一部分。”“当读完一本深深打动我们的书，再次回到自己的世界里时，我们也不再是原来的自己了，我们已经发生了变化。我们比之前变得更加宽容，善解人意，也更富有同情心。”

所以，我从佟生老师的书中看到了类似的表达，这恐怕不是一种巧合。他把所有美好的词汇都给了这些经历：“把故事栽满他们的童年”“开启一年级童话读写之旅”“点亮读写灯塔”“穿越童话森林”“走出童话城堡，迎接未来的奇遇”……

那么，佟生老师一再邀请他的孩子们进入的童话世界到底是一个怎样的所在呢？如果孩子们在佟生老师的引导下不再质疑，且获得了“穿越”的能力，那么，那里又有什么在等着他们呢？那里有“时间延迟的奥秘”“诚实与责任”“敲开命运之门”“直面人类灾难”“执着的追寻”“盗梦空间”……面对这些深邃的命题，我们是不是又要怀疑孩子们能否接受这一切？我内心的声音再一次真诚地提醒：不要低估了童话的魅力，更不要低估了童心对神秘世界的认知力。几乎所有的人都认为，儿童天生就是哲学家。而佟生老师则深信，孩子“看见最初的东西，他就会成为那东西”，同样的信仰也可以如此表述：“为孩子的生活打下由故事筑城的根基，就如同给他建造一个蓄满同情心的水池，爱的举动会从池中满溢，持续一生”（杰米·马丁《把世界给你的孩子》[①]）。

佟生老师自身的经历也好似一个值得不断讲述的童话。他 40 岁之前从不读书，而 40 岁之后忽然迎来了神奇的转变，一发不可收拾地走上了读写之路，日更千字，坚持数千天，作品有两三百万字，至今笔耕不辍。他那神奇的输出力，让人怀疑他偷来了神笔。而现在，佟生老师主动选择从一年级开始，把童话读写教学作为自己的立命之本，这是在自我读写之外，佟生老师续写生命传奇的又一方式。而且这一定是从自我读写实践中得来的启示，是在多年童话教

① 本书是由美国家庭教育专家杰米·马丁（Jamie C.Martin）撰写，英文名为〈*Give your child the world: Raising Globally Minded Kids Through Books*〉.

学实践中的自我认同，是建立在理性自觉基础上的自我授权。

从语文教学的角度来说，读写教学也是新课程改革的方向所在。“除了拥抱之外，我们能给孩子最有价值但不昂贵的礼物就是：语言。”（吉姆·崔利斯《朗读手册》）如果把汉语之美和童话之奇结合起来，这将是双重的馈赠。我想，小学课本中绝大多数内容可能会被遗忘，但有谁会忘记《海的女儿》？这不仅是因为故事本身的魅力，更有语言的助力。如果把优美的汉语楔入童话阅读带来的体验、感受和想象之中，让我们的孩子用稚嫩的文字去追逐童话世界里生发的宽容、悲悯、同情和爱等种种复杂的情感，我们能不为汉语和童话这样的际遇而欢欣喜悦吗？当汉语和童话彼此照亮的时候，我们还用担心孩子们不喜欢语文吗？当然，孩子们还难以从理性的角度来言说自己的收获，作为教师，佟生也特别注意不以自己的讲解去覆盖孩子们的丰富感知。因此，他设计了大量简单易操作、充满趣味的游戏，通过绘画、电影片段赏析、角色扮演等活动，让孩子们以自己的方式和节奏去走近童话的真意。这种对言说冲动的克制，实则是对儿童主体性的呵护，是一名教师儿童立场的生动体现。当然，这种克制还不是儿童主体性最充分的实现，把阅读中的丰富体验以创写新童话的方式形成作品，通过游戏和创意活动，让儿童变成表达和创造的主体才是最终的目的。

写这些文字的时候，刚好看到佟生老师在朋友圈发布一则消息：第 17 本班级书盛大出版。当无数的语文教师在滔滔不绝地讲授知识，孜孜矻矻埋头应试训练的时候，身在山东的佟生老师却显得有些不合时宜：他教授童话课程，也亲自编织童话故事。了解他的人都知道，在教育内卷的时代，守护能容纳童话的课堂空间是何其不易。虽然他的言语间偶尔也会因此透露出一丝孤独的意味，但我知道，他的孤独是有力量的，是对自我选择的一种深情，这首诗就是明证：

收集孩子们的文字
捡拾散落一地

的童年时光

每个汉字
都跳动着天真的脉搏
晕染心灵的亮色

当岁月飘散
唯有留存于纸上的黑白琴键
依然奏响明亮的节奏

当这本著作出版以后，相信佟生老师的做法在惠及更多人的同时，也会遇见更多的同道。到时，他会更加有力量。

程锐刚　文质教育研究院研究员，高中语文高级教师

自序

用童话润泽每一颗童心

当我站在乡村小学的讲台上，望着孩子们纯真的眼睛，我的心中常常涌起一种奇妙的感觉——仿佛自己正身处一个真实的童话世界。这些孩子，就像童话中的小精灵，用他们的好奇、纯真和对世界无尽的探索欲望，编织着属于我们共同的童话。而我，作为一名乡村教师，也在这个过程中，经历了一场从平凡到不平凡的“童话之旅”。

十四年前，我刚毕业，怀揣着对教育的热忱，踏入了乡村小学的校园。那时的我，满心想的是如何把学校建设得更好，于是，我参与了修路、拆屋、筑花坛……在那些日子里，我和同事们一起，用汗水和努力，让学校在假期结束时焕然一新。然而，忙碌之余，我却发现自己在专业成长上几乎是停滞不前的。这种遗憾，让我意识到，我需要改变，需要提升自己。

于是，我来到了镇中心小学，扎根课堂，努力读书、写作。在这个过程中，我遇到了苏霍姆林斯基的《给教师的100条建议》，这本书像一盏明灯，照亮了我前行的道路。我开始明白，教育的唯一目的是儿童的成长，教师的职责是帮助每一个儿童健康而快乐地长大。而帕克・帕尔默的《教学勇气：漫步教师心灵》更是让我深刻认识到，教学不仅仅是传授知识，更是自我理解、自我追寻、自我超越的过程。这些书籍，就像童话中的魔法，让我在教育的道路上，逐渐找到了自己的方向。

2020年，在那个漫长的寒假，学校领导安排我带着全校学生的家长共读张文质老师的《奶蜜盐——家庭教育第一定律》。为了能让各位家长更深入地理解文章中的教育理念，我以平实朴素的笔触写了一篇又一篇读书随笔，分享在共读群，大家共同学习，各自进步。共读活动结束后，8 万字的读书随笔让我对家庭教育有了更加厚重而丰盈的认识——教育无他，就是我们大人要成为孩子们成长的生命范本。

2021 年暑假，张文质老师发起并主持的“教育行走”教师研修夏令营更如一支火把点燃了我的教育热情。三天时间，一边沉浸式听课，一边用心做笔记，一天的课结束，我的听课笔记即发在公众号上，全部活动结束后，我累计写下了 3 万多字的听课笔记。我的勤奋，给张文质老师留下了深刻的印象，开学之后的 10 月份，我收到了张老师的赠书《教师的使命》。在读这本书的过程中，我写下了 50 余篇、总计 10 万字的读书随笔。我将我的随笔发给张老师，得到了他的鼓励和肯定。

2022 年暑假，我参加了岱岳区语文课程标准研读活动。那两个月，我全身心投入新课标的学习中，倾心研读、用心听讲座、悉心记录下自己的思考。《义务教育语文课程标准（2022 年版）》看似薄薄一本，但真读进去却极为不易。我写下了两万多字的学习笔记，听专家讲座，做听课笔记，甚至模仿专家的思路，尝试自己做任务群。这个过程中，我不仅对语文课堂教学有了新的认识，更坚定了带同学们读书、写作的决心。

在这个过程中，我开通了公众号“佟生童话”，记录自己的生活点滴和教育思考。我坚持日更，分享自己的读书随笔、教育叙事和日常思考。至今，原创文章累计已达 2300 余篇。这些文字，就像我与世界对话的桥梁，在这个过程中，我也在不断地成长。

在成长的道路上，总会有意想不到的“奇遇”。

2006 年，我第一次参加区教学能手评选大赛，之后的 2019 年和 2021 年，我两次参加区教学能手评选，并成功入选。

市区的优质课竞赛，我也积极报名参加，多次获得一等奖。2023 年 3 月，我参加泰安市语文教师素养大赛并荣获一等奖。

2023年9月，我被评为岱岳区“最美教师”。同年11月8日，以《同品一缕书香，共度无数芳华》为题的“岱岳出彩教师”宣传短片在“岱岳教育”公众号推出，得到了很好的反响。

2024年9月10日，我和学生共读共书的故事以主题宣传片的形式在全区教师节庆祝大会现场播放，受到领导的肯定。同年9月14日，“泰安教育”公众号以《文心师表，坚持撰写读书随笔，师生共创童话故事——佟生：带给学生诗一样的学习》为题进行了报道宣传。

2024年8月，我以自己的成长经历为主题所撰写的文章《南瓜不说话，默默地成长》入选山东省乡村教师发展典型案例。同年9月，我被评为泰安市“读书榜样”。

2023年7月21日，我第一次站上全国“教育行走”教师研修夏令营的大舞台，为来自全国各地数百位教师讲述了我与学生共读共书的故事，现场热烈的掌声，激发了我带孩子们在童话世界漫游的热情。同年10月，我独自一人踏上去往长沙的列车，参加了第十一期张文质教育写作研修班，树立了要出版一本属于自己的著作的决心。

2024年7月21日，我再次参加全国“教育行走”教师研修夏令营活动，作为首届少年营的特聘导师，我带着来自五湖四海的孩子在童话天地自由翱翔，并再次登上“教育行走”大舞台，以《蜜蜜甜的童年，甜蜜蜜的童话》为主题为全国各地数百位教师展示了我和同学们读写童话的风采，并在课后参与了张文质老师主持的儿童读写主题论坛，再次受到张文质老师的肯定和现场老师的一致好评。

数年来，我坚持写作，累计创作290余万字，以下是我写作的部分图书的读书随笔以及字数统计：

《教师的使命》，10余万字

《奶蜜盐：全2册》，8.5万字

《父母改变，孩子改变》，7.5 万字

《给教师的 100 条建议》，6 万字

《迷恋的教育学》，20 余万字

《义务教育语文课程标准（2022 版）》，15 万字

…………

正如张文质老师所说："一个真正有影响力的教师坚定地把教学视为自己的命业，视为一种信仰，视为生命的全部价值所在。"在他的著作《迷恋的教育学》中，他以《佟生老师的成长是很有借鉴意义的范本》为题鼓励我带着同学们继续共读共书，共同成长。张老师的文字，就像童话中的魔法棒，让我相信，即使在乡村小学这样的环境中，我也能通过自己的努力，为孩子们打开一扇通往知识世界的大门。

所以，我在教学实践中，精心组织了两个语文专题活动："三个一，天天做"和"读童话，写童话"。通过这些活动，我带着孩子们一起读书、写作，让他们在日复一日的坚持中，明白"日拱一卒，功不唐捐"的道理。我们每天读书一小时，写一篇一百字以上的日记，练字（每个字写三行）。我以身作则，每天读书一小时，写一篇两千字以上的文章，并写一首古诗分享给大家。这样的坚持，让读书和写作成了我们师生的日常。

"讲童话，写童话"活动更是让孩子们的想象力得到了充分的发挥。每周的童话课，我都会绘声绘色给孩子们讲故事。听完故事后，孩子们自由发挥，自由写作。他们可以用自己的语言复述故事，也可以改一改结尾或者情节，甚至可以自己写一个全新的故事。这些故事，回家后他们会讲给家人听，家长整理成电子稿，发在班级群，我整理后再发布在公众号上。不知不觉中，我已经整理学生作品 200 余万字，2024 届的毕业生，几乎人人都写下了数万字的文章，拥有属于自己的 9 本作品集。这样的过程，不仅激发了孩子们的写作兴趣，也让他们的语文素养得到了提升，还给他们的童年留下五彩斑斓的生命光彩。

作为一名乡村教师，我常常感慨，自己在不惑之年，还能像童话中的主角

一样，经历这样的转变，是多么幸运。有时候，我会觉得这一切就像童话一样不真实，但我知道，这正是如童话般的成长魅力所在。童话不仅仅是虚构的故事，它更是一种对生命的信仰和尊重。它告诉我们，即使在最平凡的生活中，也能书写属于自己的童话。

今后，我会继续带着孩子们读童话、写童话，让他们在童话的世界里，找到属于自己的宝藏。我会用我的笔，记录下我们成长的每一个瞬间，让这些瞬间成为我们共同的回忆。只要相信生命的奇迹，相信童话的力量，我们就能在这个平凡的世界里，创造出属于自己的童话。

让我们一起走进童话的世界，用童话润泽每一颗童心。

前言

以童话保卫童年

美国诗人惠特曼在《有一个孩子向前走去》中写道：“有一个孩子每天向前走去，他看见最初的东西，他就变成那东西，那东西就变成了他的一部分……”这些诗句宛如一盏明灯，照亮了教育的本质：童年时的所见所感，终将成为生命的底色。我们知道，教育是生命对生命的唤醒，是心灵与心灵的对话。若期望孩子的生命像原野般繁茂，那我们就要在他们最初的心灵土壤里，埋下童话的种子，让纯真、诗意与希望在其中生根、发芽。

童话：生命化教育的诗意启蒙

许多孩子看似一同成长，可最终会走向不同的人生道路。造成这种差异的根源，常常在于童年时期有没有邂逅美好。而童话，无疑是最贴近儿童心灵的“美好”。它不只是一个个故事的集合，更是孩子生命最初的启蒙。张文质老师强调：“生命化教育坚信每个人心中都有善端，好的教育，就是要随顺人的善端，让人美好的潜在特质尽可能地发挥出来，把人从自然状态引导到应然状态。”童话里那奇幻绚丽的世界，就像一缕温暖的阳光，穿透现实生活的琐碎，照亮孩子们内心那片广袤的原野。

课堂上，我曾和孩子们一起共读《夏洛的网》。当读到蜘蛛夏洛为了拯救小猪威尔伯，努力织出“了不起”的网时，一个平时不太爱说话的孩子举起手，认真地说:“老师，夏洛就像一束光，它让威尔伯相信自己是特别的。”

就在那一刻，我深刻地领悟到:童话可不只是情节的简单铺陈，更是一场生命与生命之间的对话。它教会孩子们理解友谊的珍贵、勇气的力量和付出的意义，而这些美好的品质，会慢慢融入孩子们的血脉，成为他们生命中不可或缺的一部分。

本书中三个篇章紧密相连，层层递进。第一个篇章“把故事栽满他们的童年”聚焦童话在低年级（一年级至二年级）的启蒙作用，通过具体的教学案例，展示如何用童话开启孩子们的想象力与创造力。第二个篇章“从激发热情到创意表达”则转向中年级（三年级至四年级），探讨如何通过童话激发学生的写作热情，并引导他们进行创意表达。最后一个篇章“从一个课堂到一门课程”则着眼于高年级（五年级至六年级），讨论如何将童话教学系统化，形成一门完整的课程，让童话的影响力贯穿整个小学阶段。

点灯人:以童话唤醒生命的灵性

英国作家史蒂文森笔下有个叫李利的点灯人，他每天黄昏都会提着灯，穿梭在大街小巷，点亮街角的路灯。要是我们也想成为教育领域里的“点灯人”，那童话就是灯里闪烁的火苗。

我曾模仿李利，在班级的角落设置了一个“童话灯箱”。每天晨读的时候，孩子们会轮流点亮一盏小灯，然后分享自己最喜欢的童话片段。有一次，一个女孩轻声朗读《海的女儿》:“小人鱼化作泡沫升向天空，但她眼中的星光比海洋更明亮。”读完后，她微微低下头，小声说道:“老师，我觉得善良的人就算消失了，也会变成星星，一直看着我们。”

在这样的时刻，童话不再仅是纸上的文字，它变成了一声声叩击心灵的钟声。在光影交错之间，孩子们触摸到了生命的温暖质地。

种树人：在时间的土壤中耕耘希望

在普罗旺斯高原上，牧羊人艾尔则阿·布非耶耗费了数十年的时间，把一片荒原变成了郁郁葱葱的森林。他日复一日地埋下橡实，即便半数种子都没能成活，但他始终坚信："时间能创造奇迹，但前提是坚持。"教育又何尝不是这样呢？

在我的"教育高原"上，我也想成为这样的种树人。也许一粒《安徒生童话》的种子，会在某个孩子的心里默默沉睡许多年，直到有一天突然发芽、生长——就像班上那个特别喜欢涂鸦的男孩，在读完《丑小鸭》后，开始用画笔描绘"蜕变的翅膀"；也许一粒《花格子大象艾玛》的种子，能让一个原本自卑的女孩写下："艾玛的彩色格子，原来是独一无二的勋章。"

种树人的坚持，就在于相信每一粒种子都有破土而出的那一天。哪怕当下的课堂看起来平淡无奇，但只要我们用童话去浇灌，在未来的某一天，一定会出现一片枝繁叶茂的森林。

书中的每一个案例与童话创意读写游戏都是经过精心设计的，都是一粒有朝一日会破土而出的"种子"。例如，《11 只猫做苦工》"读写绘"童话教学案例适合一年级学生，通过简单的句式和重复的情节，帮助孩子们初步建立阅读和写作的兴趣；而《花格子大象艾玛》"续写故事"童话创意读写案例则更适合三年级学生，引导他们在理解角色特点的基础上，进行创造性写作；《木偶奇遇记》"诚实与责任"童话创意读写案例则适合五年级学生，通过深入探讨故事主题，提升学生的思考能力和写作深度。

这些案例及读写游戏虽然有明确的适用年级，但在实际操作中，可以根据孩子的具体情况灵活选用。童话的魅力在于它的普适性，无论是低年级还是高年级，甚至初中生，都能从童话中获得启发和感动。教师可以根据学生的认知水平和兴趣点，调整教学内容和难度，让童话在不同阶段发挥不同的教育作用。

永葆天真：让童年成为生命的底色

我曾这样问自己："如果此刻不种下童话的种子，多年之后，孩子们怎能拥有充满奇遇的人生？"这恰好和张文质老师的理念相契合："童年的幸福是人生幸福的半径。童年影响、塑造、决定人的未来，童年的经验往往难以逆转，童年是人一生的老师，保卫童年，是每个老师的天职。"

从"生命化教育"的角度来看，童话的价值远远超过了文学启蒙的范畴。它能让孩子在《卖火柴的小女孩》的故事里学会悲悯他人，在《青蛙王子》中理解承诺的分量，在《小王子》里思考生命的本质。这些丰富的情感体验，就像植物细密的根系，支撑着孩子们人格的茁壮成长。有位家长曾跟我感慨："孩子读完《夏洛的网》后，突然主动去照顾生病的宠物了。他说，夏洛教会他'生命需要互相照亮'。"

结语：让童话的星光缀满生命的原野

可以说，童话就是童年窗外闪烁的星光。我们怀着虔诚的心态播撒童话的种子，并用耐心去守护它们成长，终有一天，孩子们的生命原野上会布满参天大树——这些大树，有的枝干写满了勇气，有的叶片镌刻着诗意，有的年轮沉淀着智慧。

希望每一位教师都能成为"点灯人"和"种树人"，在童年的晨曦中，以童话为火把，照亮孩子们生命前行的漫漫长路。因为只有相信童话的人，才能让世界始终保留着一份童真；只有被童话滋养的生命，才能在人生的风雨中，永远吟唱充满希望、追逐梦想的诗篇。

让我们一起以童话保卫童年！

把故事栽满他们的童年

把故事栽满他们的童年

初遇刚入学的一年级小朋友，他们那纯真无邪的眼睛里满是对学校的好奇，直直地望向我时，我的心里既温暖又有些许惶恐。我深知，他们对校园生活满怀期待，这份期待如此纯粹透明，而我究竟要给予他们怎样的教育，才能不辜负这份信任呢？我不禁思考，若仅仅把语文教学局限于一本教科书，将学习等同于一张张试卷，这样的教育，显然无法与孩子们绚烂多彩的童年相契合。

早在暑假前，我就计划带着孩子们读诗、写诗，同时也认为童话的阅读和写作同样不可忽视。于是，我选择了《花格子大象艾玛》这个童话，作为开启他们童话之旅的第一站。选择它，我有自己的考量。

《花格子大象艾玛》讲述的是一只与众不同的大象的故事。他最为显著的不同，便是身上并非普通大象那样清一色的灰色，而是布满了五彩斑斓的花格子。在现实世界里，自然不会有浑身花格子的大象；即便在童话世界中，艾玛也因这独特的外表，常常为自己的与众不同而感到有些难为情。

他是如此渴望拥有和其他大象一样的颜色。于是，在一个清晨，趁大家还在睡梦中，艾玛悄悄地溜出了森林。离开象群、走出森林后，他遇到了许多小伙伴，有狮子、长颈鹿、斑马等，他们都热情地和艾玛打招呼："早安！艾玛。"艾玛一路前行，来到了一棵长满浆果的大树下，树上果子的颜色，正是所有大象身上的那种灰色，那正是艾玛梦寐以求的颜色。

艾玛摇落果子，在果子上反复打滚，直到身上的花格子颜色——黄色、橙色、红色、粉红色、紫色、蓝色、绿色、黑色、白色等全部消失，他终于变得和其他大象一模一样了。

有趣的是，在返程的路上，之前热情地和他打招呼的小伙伴们，不再说“早安！艾玛。”而是不约而同地喊道：“你早啊！大象。”读到这里，我心里一阵难过。艾玛不见了，那只独一无二的大象消失了，世界上又多了一只毫无特色、与其他大象毫无差别的平庸之象。

“艾玛回到象群那里，大家全都静静地站着。艾玛钻到他们当中，谁也没有注意他。”

可没过多久，艾玛就察觉到周围有些异样。他环顾四周，“森林还是原来的森林，晴朗天空还是原来的晴朗天空，不时飘过的雨云还是原来的雨云，那些象也还是原来的象。”一切似乎都没有改变，可又好像哪里不太一样。

再仔细瞧瞧周围，艾玛终于发现了不对劲的地方。原来，此时“那些象站着真是一动不动。艾玛从来没有看见他们这样严肃过。”这是怎么回事呢？艾玛满心疑惑，直到大家突然“蹦得老高，跌出好远！‘哎哟，天呐，噢啊，天啊！’他们叫着，看到艾玛笑得停也停不住。”

原来，大家还是发现了艾玛，即便他成功“隐藏”了自己，看起来已经融入象群，大家依旧认出了他。

尤其是当雨滴落下，艾玛身上“其他大象的颜色”被雨水冲洗干净，属于他自己的那些颜色——黄色、橙色、红色、粉红色、紫色、蓝色、绿色、黑色、白色等，又依次显现出来。花格子再次出现在艾玛身上时，大家笑得更开心了。

“噢，艾玛，”一只老象上气不接下气地说，“你开过不少很好的玩笑，可这一个是最好笑的。还没过多大的工夫，你就原形毕露，恢复你真正的颜色了。”

最让我感动的是，在欢乐的笑声中，大家一致决定，把这一天定为艾玛化装节。每年到这个时候，所有的象都要把自己画成五颜六色，而艾玛则要画成“所有大象的颜色”。他们真的说到做到，每年的这一天，在森林里，你都会看到在一群色彩斑斓的大象中，有一只全身灰扑扑、素净净的大象，他就是艾玛。

给一年级刚入学的小朋友讲这个故事，我有特别的用意。我想郑重地“告诉”他们：每个人都有权利选择与众不同，只有当我们展现出自己独特的一面，如同艾玛身披五彩花格子一样，才能真正成为自己。我还想“告诉”他们，当身边出现与众不同的小伙伴时，我们不应该嘲笑、戏弄他们，而应该学会接纳，用更聪明、更温暖的方式，让他们不再感到孤单。

不过，这些道理，我不会在讲故事的过程中或到故事结尾时直白地告诉孩子们。我希望他们能沉浸在故事里，自己去领悟其中的深意，我也从未刻意引导他们去挖掘故事蕴含的道理。因为我相信，把故事还原为故事本身，每一个故事都是一粒真善美的种子，当它落在孩子们的心灵土壤中，便有机会生根、发芽。只有当这粒种子长成枝繁叶茂的大树，故事里那些深刻的人生哲理，才会在他们的生命中扎下最坚实、最深厚的根。

《花格子大象艾玛》是一系列的故事。讲完第一个故事后，有些家长就给孩子买了整套绘本。我真为那些能捧着精美绘本阅读的孩子感到幸运，在那一本本色彩缤纷、制作精良的书中，孩子们可以尽情地遨游在童话王国，乐此不疲，这样的画面真让人羡慕。

艾玛的故事还有很多，我们的童话之旅才刚刚开始。后面还有许多精彩的故事等待着孩子们去品味，每一个故事都像是童话王国里的奇遇，每次奇遇都将成为他们成长路上无比珍贵的契机。

在陪伴他们成长的五年时光里，我不仅要做引领他们前行的领路人，更要成为那个为他们讲述无数精彩故事的人。我要像普罗旺斯高原上种树的男人一样，在他们的人生道路上种下一棵又一棵童话树，让他们生命的原野绿树成荫、繁花似锦。那将是一片多么丰饶、多么迷人的土地啊！只有这样的土地，才能成为童年送给成年最美好的礼物；也只有这样的土地，才能化作他们生命中最坚固的堡垒，帮助他们抵御长大后来自生活的暴风骤雨。

巧用绘本，开启一年级童话读写之旅

对于一年级的小学生而言，识字量有限使得他们自主阅读故事尚有困难。在这种情况下，为他们读故事便成为引导他们接触文学、感受语言魅力的有效方式。那么，读什么故事？怎样读？在什么时间读呢？

刚踏入一年级的小朋友们，几乎都对故事充满了浓厚的兴趣，经典童话、绘本故事以及儿童诗都是他们喜闻乐见的内容。在接手这个一年级班级之前，我便为孩子们精心准备了上千个童话、几百首儿童诗，其中绘本故事的数量尤为可观。

绘本故事主要有两种呈现形式：

第一种是视频形式的绘本。这种形式对于老师来说较为轻松，只需在播放前提醒同学们认真观看和倾听，听完后回答问题即可。例如，最近我们一起观看了《城里的老鼠和乡下的老鼠》，之后我设计了一系列简单的问题：这个绘本叫什么名字？乡下老鼠带了什么去城里？在城里老鼠家里，它吃了什么？城里老鼠给乡下老鼠带了什么礼物？你更喜欢城里老鼠的房子还是乡下老鼠的房子？说说你的理由。这些问题既可以检验同学们听故事的专注度，又能培养他们认真倾听的好习惯，可谓一举两得。

第二种是PPT形式的绘本。这类绘本就需要老师亲自讲述了。以往，我经常自己讲述整个故事，偶尔也会停下来提问或者引导大家参与到故事当中。

而在讲述《蚯蚓的日记》时，我尝试了一种新的方式——跟读。我读一句，同学们跟着读一句。这种方式特别适合一年级的孩子，不仅能够充分调动他们的注意力，让他们全身心投入到故事中，还能在跟读的过程中锻炼他们的朗读能力，让他们在潜移默化中积累字词和句子。在朗读故事的过程中，识字不再是一项枯燥的任务，反而成了一场充满趣味的冒险。

讲完、读完故事后，我引导孩子们根据刚刚听过的故事，画一幅属于自己的《×××的日记》。他们可以画蚯蚓的日记，也可以画花猫、小白兔的日记。没过多久，就有几个同学来问我："老师，我画艾玛的日记可以吗？"我欣然同意，心里十分开心，这说明之前讲的艾玛的故事深受大家喜爱。

农村的孩子们大多没有上过绘画班，但很多同学画得有模有样。画完的同学纷纷来向我展示他们的作品。我询问了他们画的内容后，有个同学请求我说："老师，你可不可以帮我写上（画里的故事）？"我毫不犹豫地答应了。

我坐在讲桌前，认真地帮他写下他自己编的故事。没想到，这一举动引发了连锁反应，其他同学看到后，也都围了过来，七嘴八舌地讲述自己画的内容，都希望我能帮忙写下来。一时间，班里有些喧闹，我担心孩子们过于激动会产生安全问题，所以帮三五个同学写完后，就让大家先回到自己的座位上，并告诉他们，完成的画作可以带回家，让爸爸妈妈帮忙写上内容。

随后，我在班级群里提醒家长们，孩子把画作带回家后，根据孩子讲述的内容，写上一句或一段话，周一再带回学校，我会将这些作品扫描并装订成册。就这样，我们一年级三班的第一本班级书诞生了！

你瞧，巧妙利用绘本故事，不仅能丰富孩子们的语文学习生活，还极大地激发了全班同学识字和学习的积极性。在这个过程中，语文学习不再枯燥，而是充满了趣味，成为孩子们乐于探索的领域。

“读写绘”多元结合:《11只猫做苦工》童话教学案例

（适用一年级）

一、设计理念

该教学设计以《11只猫做苦工》这一经典绘本为依托，充分挖掘其丰富的教育价值。采用情境导入、动态朗读、角色扮演等多样化方式，激发学生的学习兴趣。通过谜语激趣、播放音乐、展示封面等活动，快速吸引学生的注意力，让他们沉浸在故事中。在教学活动中，设计创意工坊、场景再现等环节，鼓励学生发挥想象力，进行“读写绘”相结合的创作，培养学生的创新能力和语文核心素养。

二、教学背景分析

（一）教材解析

《11只猫做苦工》是日本作家马场登创作的经典童话绘本。这部作品以11只性格、模样各异的猫咪结伴冒险为线索展开故事，在充满趣味的情节中，巧妙地融入了集体协作与规则意识的教育元素。其文字表述简洁且生动，大量重复性句式便于一年级学生模仿学习，拟声词以及有趣的对话描写，更是充满了童真童趣，十分契合低段学生的阅读喜好和认知水平。

（二）学情特点

一年级学生正处于形象思维占主导的阶段，对色彩鲜艳、形象生动的事物充满兴趣。此时，他们的识字量在400字左右，刚刚具备书写能力，写的字还比较稚嫩。而且，他们注意力集中的时间较短，通常只有15~20分钟。但这个阶段的孩子好奇心特别强，模仿能力也很强，喜欢模仿书中角色的动作、语言等。

三、教学目标设定

（一）核心素养目标

1. 语言运用：引导学生模仿“摇摇晃晃”“喵呜喵呜”这类叠词句式，丰富他们的语言表达，提高语言运用能力。

2. 思维能力：通过让学生预测故事情节的发展，锻炼他们的逻辑推理能力，学会有条理地思考。

3. 审美创造：鼓励学生用绘画的方式展现自己心中独特的猫形象，培养他们的审美能力和创造力。

4. 文化自信：让学生接触不同国家的童话，感受其独特的叙事风格，拓宽文化视野，增强文化自信。

（二）具体目标维度

1. 阅读：学生能够清晰、完整地复述《11只猫做苦工》的主要情节，并充分发挥想象力，为故事续编一个合理的结尾。

2. 表达：学生能创编3~5句符合故事情境的对话，并配上简单的图画进行说明，锻炼口语表达和图文结合的能力。

3. 合作：以小组合作的形式，共同完成立体故事场景的搭建，培养学生的团队协作能力和沟通能力。

四、教学准备清单

（一）准备绘本的投影素材，方便在课堂上展示绘本内容；同时准备 10 套纸质书，供学生分组阅读使用。

（二）制作 11 个不同颜色的猫耳头套，用于角色扮演活动，增加学生的参与感和兴趣度。

（三）设计创意写作卡，卡片上既有用于书写的田字格，又有供学生自由创作的绘画区。

（四）准备多色超轻黏土和场景底板，用于学生制作立体故事场景。

（五）条件允许的话，设计智能互动游戏模板，在教学过程中增加互动环节，提高学生的学习积极性。

五、教学过程设计

（一）情境导入

1. 谜语激趣

老师出一个有趣的谜语：“胡须翘两边，眼睛像铜钱，走路静悄悄。”

教师：大家猜猜这是什么动物呀？

通过谜语激发学生的兴趣，引出本节课的主角——猫。

2. 角色扮演

给每位同学分发一个猫耳头套，然后播放欢快的《猫步舞》音乐，大家跟着音乐一起模仿小猫走路的样子，引导学生快速进入情境，活跃课堂气氛。

3. 封面观察

在大屏幕上放大展示绘本《11 只猫做苦工》的封面，指导同学们仔细观察：来，同学们，我们一起来看看这 11 只猫都有什么不一样的地方？

提示：可以从它们的颜色、动作、表情等方面发现不同或相同之处，通过观察封面，让学生对故事中的角色有初步的认识。

（二）沉浸阅读

1. 动态朗读

教师：让我来给大家读一读这个故事吧！（在朗读的时候，老师用不同的声音扮演每一只小猫）大家仔细听哟！

2. 情节图谱

听完故事后，老师和学生一起制作“冒险路线图”。老师一边讲，同学们一边回忆故事里的小猫们都去了哪些地方。比如森林、吊桥、山洞等，把这些地方按顺序画在黑板上或者白纸上，帮助学生梳理故事脉络。

3. 语言聚焦

在共读中，提醒学生关注“你推我挤”“东张西望”等有趣的四字词语。老师可再带大家一起读一读这些词语，也可读后让学生试着做动作或表情等，用身体感受词语的魅力，并积累词汇。

（三）创意工坊

1. 读写结合（根据学情，二选一即可）

（1）句式仿写

教师：同学们，大家想一想，如果来了第 12 只猫，他会是什么样的呢？他可能会说些什么？做些什么呢？

让学生仿照故事中的句式，大胆想象，同桌之间相互说一说第 12 只猫的样子和他会说的话或可能做的事。

（2）故事续编

老师给学生展示新关卡——彩虹桥。

教师：小猫们来到了彩虹桥，这次，他们会怎么做？会遇到什么呢？

提醒同学们可以用“首先……然后……最后……”这样的句式，把小猫们在彩虹桥上的冒险故事写下来，也可根据自己的想法，自由表达。

*因一年级学生会写字的不多，此环节可放至课下，让爸爸妈妈根据孩子所讲的故事，帮助完成书写。

2. 角色造型

指导学生用各种几何图形，比如圆形、三角形、方形等，组合创作一只自己喜欢的独特的猫形象。

鼓励学生发挥想象力和创造力进行设计。

（四）拓展延伸

1. 场景再现

小伙伴合作，用超轻黏土和绘画相结合的方式，在场景底板上共同完成立体故事场景的制作。比如，有的小组可以制作小猫们在森林里的场景，用黏土做出树木、花朵等，再用笔画上天空、太阳等，培养学生的团队合作能力和动手能力。

2. 展示评价（三种方式任选即可）

（1）故事剧场：让学生戴上自己制作的猫耳头套，按照自己编写的故事或者原故事进行角色扮演。其他同学认真观看，感受故事的乐趣。

（2）画廊漫步：把学生们制作的立体场景和绘画作品展示出来，给每位同学分发贴纸。大家一边参观，一边把贴纸贴在自己认为“最萌猫咪”“最酷场景”的作品下面，通过投票的方式进行评价，增强学生的参与感和成就感。

（3）成长档案：把学生们的创意写作卡收集起来，整理制作成班级绘本，放在图书角，让大家可以随时翻阅，见证同学们的成长。

六、教学评一体

（一）过程性评价：使用“喵星人成长卡”记录学生在课堂上的参与度。比如积极回答问题、认真参与小组活动等都可以得到相应的奖励贴纸，将其贴在成长卡上，让学生看到自己的进步。

（二）作品评价：从想象力、完整性、美观度三个维度制定星级标准来评价学生的作品。比如想象力丰富、故事完整、画面美观的作品可以得到五颗星，鼓励学生不断提高自己的创作水平。

（三）延伸活动：开展“猫咪主题周”跨学科整合活动。在数学课上，可以玩数猫的游戏；在科学课上，带领学生探索猫科动物的奥秘，拓宽学生的知识面，让学习更加有趣。

七、教学注意事项

（一）材料安全性：在选择美术用品时，一定要选用无毒环保的材料，确保学生的安全。

（二）时间管理：准备一个沙漏，在每个教学环节开始时，把沙漏倒过来，让学生直观地感知时间，提醒老师和学生注意时间转换，保证教学环节的顺利进行。

（三）特殊关怀：特别关注不善言辞、孤独沉默的学生，引导他们积极参与到课堂活动中来。

如何进行具象表达:《猜猜我有多爱你》童话读写教学案例

（适用一年级）

一、设计理念

以经典绘本《猜猜我有多爱你》为载体，通过具象化的比喻表达抽象的情感，引导学生用身体动作、生活经验或自然现象描绘“爱”的深度与广度，在趣味活动中发展语言表达能力，联结生活经验，激发创造性思维。

二、教学目标

（一）语言表达：指导学生学习用“比喻”的方式描述情感，模仿绘本中的对话结构，体会语言的生动性与趣味性。

（二）思维发展：通过“身体动作比喻”“自然现象联想”，建立抽象情感与具象事物之间的联系。

（三）情感体验：引导学生感受亲情的温暖，尝试用个性化的方式表达对家人的爱。

三、教学重难点

重点：引导学生用具体事物比喻“爱”，创编个性化对话。

难点：突破思维定式，鼓励学生从生活细节中提取创意“比喻”。

四、教学过程

（一）情境导入：爱的悄悄话

1. 互动提问

教师：“同学们，你们对爸爸妈妈说过‘我爱你’吗？除了这句话，还能怎样来表达爱呢？”

（预设学生回答：抱一抱、画一幅画、帮忙做家务……）

2. 绘本激趣

展示绘本封面：“今天，有两只兔子要用特别的方式比一比谁的爱更多，我们一起听听他们的故事吧！”

（二）共读绘本：发现“爱的密码”

1. 教师朗读

教师声情并茂地朗读绘本，重点模仿大兔子和小兔子对话时的语气，辅以张开手臂、跳高等动作，动作和语气都可以夸张一些，以制造动人效果，吸引学生的注意力，激发他们听故事的兴趣。

2. 比喻大发现

教师：“小兔子用了哪些动作表达爱？大兔子又是怎么说的、怎么做的呢？”

（根据学生回答，教师适时板书：手臂张开、举高高、跳高、到月亮上再回来……）

3. 情感联结

教师：“如果你是小兔子，你会用什么动作来表达爱呢？比如：我的爱像转圈圈，转到头晕那么久！”

引导学生以同桌为单位交流分享自己的想法。

（三）爱的魔法屋：我的爱像……

活动一：爱的魔法——用动作“说”爱

1. 示范引导

教师示范：“我的爱像拍手 100 次那么响！你们听——”（带领学生拍手计数）。

2. 小组接龙

四人一组，轮流用身体动作创作比喻句，比如：“我的爱像单脚跳 50 次那么累！”“我的爱像原地转 10 圈那么晕！”

（教师巡回指导，鼓励学生展现夸张动作与趣味表达）

活动二：爱的物语——用万物比喻爱

1. 想象拓展

展示自然图片（彩虹、星星、大海等），提问：“彩虹像一座桥，爱可以像什么？”

2. 创作分享

学生自由发言：“我的爱像春天的雨滴那么多！”“我的爱像夏天的蝉鸣那么响亮！”

（四）课下拓展：爱的展示

（以下活动，根据学情选择即可）

1. 短剧创编：对话结构模仿（孩子和爸爸妈妈一起做）

教师提示同学和家长可以利用绘本对话模板。

小兔子：“猜猜我有多爱你？”

大兔子：“哦，这我可猜不出来。”

小兔子：“我的爱像__________那么__________！”

大兔子：“我的爱呀，像__________那么__________！”

2. 制作家庭绘本

（1）爱的记录

发放空白折页卡纸，让学生与家人合作完成《猜猜我有多爱你》绘本：

第 1 页：画一画家人之间“爱的动作”；

第 2 页：写一句原创比喻句（可让爸爸妈妈帮助）。

…………

（2）爱的展示

学生带回作品，在班级内进行展示。

五、板书设计

猜猜我有多爱你？

爱的动作：举高高、跳远、转圈圈……

爱的比喻：像星星那么多！像跳绳 100 次那么长！

六、教学评一体

（一）过程性评价：观察学生在课堂活动中的参与度与创意表达。

（二）成果性评价：收集学生创作的比喻句、短剧视频或家庭绘本，举办“爱的博物馆”展览。

知识传递与生命教育的融合：《彩虹色的花》童话读写教学案例

（适用二年级）

一、设计理念

《彩虹色的花》是一个温暖且富有深意的故事，传递出无私奉献与生命轮回的美好。二年级学生正处在情感认知和语言能力快速发展的阶段，对世界充满好奇，内心纯真善良。本次教学以该绘本为依托，选择“助人清单”和“生命教育”作为童话读写的着力点，引导学生通过设计助人清单，培养关爱他人、乐于助人的品质，提升语言表达和思维能力；借助制作种子旅行地图并配解说词，让学生了解生命的传播与延续，感受生命的奇妙，激发想象力和创造力，在读写实践中实现知识学习与生命教育的融合。

二、教学目标

（一）语言表达

1. 指导学生围绕“我的五片‘花瓣’能帮谁”，用清晰、有条理的语言表达自己的助人想法，完成助人清单。

2. 指导学生为种子旅行地图撰写生动、简洁的解说词，提高口语表达和书面表达能力。

（二）思维发展

1. 引导学生在设计助人清单的过程中，思考不同角色的需求，培养同理心和解决问题的能力。

2. 制作种子旅行地图时，引导学生发挥想象力，理解种子传播的方式和生命延续的过程，发展逻辑思维和创新思维。

（三）情感体验

1. 感受《彩虹色的花》中无私奉献的精神，激发学生乐于助人的热情，培养积极向上的价值观。

2. 通过了解种子的旅行，体会生命的神奇与顽强，引导学生珍惜生命，热爱大自然。

（四）动手实践

学会制作简单的地图，用绘画和文字相结合的方式呈现种子旅行的路线，提高动手操作能力。

三、教学重难点

（一）教学重点

1. 引导学生深入思考，设计内容丰富、切实可行的助人清单。

2. 帮助学生理解种子旅行的方式，制作清晰、有创意的种子旅行地图，并撰写合适的解说词。

（二）教学难点

1. 在助人清单设计中，鼓励学生突破常规思维，从不同角度发现他人需求，提供独特的帮助方式。

2. 让学生在解说词中准确传达种子旅行所蕴含的生命意义，内化对生命教育的理解。

四、教学过程

环节一 魔法花瓣猜猜猜

1. 情境导入

（1）教师系着彩虹色围巾走进教室，神秘地说："今天老师变出了一朵会魔法的花！它的花瓣能实现愿望，猜猜它能帮谁呢？"

（2）教师展示绘本封面，模仿花瓣飘落的动作："瞧，花瓣飞到哪里，哪里就有温暖的故事！"

2. 互动猜想

学生闭眼听教师描述花瓣的颜色（如红色、蓝色），教师提问："如果你有一片红色花瓣，会用它帮谁？为什么？"

鼓励学生用简单句子回答即可。

环节二 花瓣故事大闯关

1. 师生共读

教师用"魔法书"道具逐页翻读绘本，读到小动物求助时，模仿动物的声音（如蚂蚁"哎哟，过不去河啦！"），学生跟读关键词（如"小船""礼物"）。

2. 动作表演

角色扮演：学生用肢体动作表现"花瓣变小船""花瓣当扇子"，教师用夸张的语气“提出要求”：“小蚂蚁，快划船！”“小鸟儿，飞高高！”

环节三 花瓣心愿收集站

1. 头脑风暴

教师出示“花瓣心愿板”，贴出同学、家人、小动物的图片，提问：“花瓣还能帮谁？比如帮妈妈捶捶背，帮小猫找朋友……”

2. 助人清单

学生领取彩色贴纸，写下或画出帮助对象（如“帮同桌捡橡皮”），贴在心愿板上，教师用童谣总结：“小花瓣，飞呀飞，帮助他人笑嘿嘿！”

环节四 种子地图大冒险

1. 旅行路线设计

教师指导学生用彩泥、树叶等材料在卡纸上粘贴“种子路线图”，教师提示：“种子会翻过高山？还是漂过大海？”

2. 地图故事接龙

组织学生在小组内轮流讲述种子的旅程：“我的种子飞到森林里，变成了一朵彩虹花！……”

教师实施奖励“魔法种子”（教师自制道具或者奇形怪状的种子等皆可）。

3. 种子历险记

小组推荐“种子历险记”汇报员，汇报员手持自制地图，用“小话筒”道具讲解。师生倾听，并及时点评。

环节五 课下拓展

（根据学情任选板块即可）

1. 情景剧表演

指导学生分组表演“花瓣助人”和“种子旅行”片段，教师提供简单道具

（如纸盘面具、披风）。

2. 班级花园墙

将学生的助人卡片、种子地图贴成“彩虹花园”，课间开放供参观，学生可在喜欢的作品处贴“点赞花瓣”。

3. 种子成长日记

种植绿豆或向日葵，观察记录其生长过程，用图画日记分享：“今天种子发芽啦，像彩虹花的宝宝！”

五、教学评一体

（一）过程性评价

1. 在课堂讨论环节，观察学生参与讨论的积极性，是否能主动发表自己的想法，与小组成员合作是否融洽。

2. 在创作过程中，关注学生设计助人清单时的思考深度，制作种子旅行地图的认真程度，以及撰写解说词的努力程度和语言表达情况。

3. 展示分享环节，评价学生的表达是否清晰流畅，能否认真倾听他人的分享并给予合理的评价。

（二）成果性评价

1. 从助人清单、种子旅行地图等方面对学生的作品进行评价。助人清单看内容是否丰富、有创意，是否具有可行性；种子旅行地图评价画面是否清晰、有想象力，布局是否合理；解说词检查语言是否通顺、生动，是否准确传达了种子旅行的过程和意义。

2. 根据学生课后活动的质量进行评价，综合考量学生对知识的掌握、情感的体验和实践能力的提升。

形式重复的密码：《蚯蚓的日记》童话读写教学案例

（适用二年级）

一、设计理念

二年级学生正处于想象力飞速发展、对世界充满好奇的阶段。本教学案例以《蚯蚓的日记》为依托，设计理念紧密围绕学生特点展开。在教学目标设定上，知识目标：契合学生对新鲜事物的求知欲，引导其理解童话“形式重复”的特点并创编故事；能力目标：锻炼学生阅读与创作能力，符合该阶段学生语言能力提升需求；情感目标：激发学生对大自然的兴趣和表达信心。

在教学过程中，以猜谜、观看视频导入，生动有趣，迅速吸引学生注意力。共读绘本、结构解密环节，通过分角色朗读、寻找重复元素等方式，让学生在轻松的氛围中掌握知识。集体创编、独立创作环节，充分发挥学生想象力，给予他们自由表达的空间。课下拓展与展示，能增强学生的成就感，激发创作热情。整个教学过程旨在让学生在快乐中学习读写，感受童话的魅力，提升综合素养。

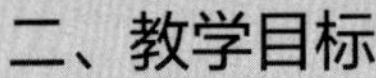

二、教学目标

（一）知识目标：引导学生理解童话中“形式重复”的故事特点，学会借用日记这一重复方式，创编比较长的故事。

（二）能力目标：指导学生在阅读故事时，找出里面重复出现的情节或元素。指导学生用这种重复结构，进行故事创编，或自己创作童话故事。

（三）情感目标：激发学生观察大自然的兴趣，培养他们的好奇心。培养学生敢于表达的信心，激发读写兴趣。

三、教学准备

（一）绘本《蚯蚓的日记》的课件。

（二）准备故事结构图，帮助学生梳理故事的发展脉络；准备创意写作模板，为学生的创作提供支架。

（三）如果条件允许，准备一个蚯蚓实物观察箱，让学生近距离观察蚯蚓的样子、动作；没有实物，可准备一些高清蚯蚓图片。

（四）准备彩色卡纸、童趣贴纸等。

四、教学过程

（一）猜谜导入，唤醒“魔法”

谜语：“没手没脚会松土，雨后常钻泥巴路。身子弯弯像逗号，地下王国当农夫。”

教师：同学们，大家快来猜猜这是什么小动物？

教师播放蚯蚓松土的微视频，提示学生认真观察：蚯蚓是怎么动的？它在土里做什么呢?

视频观看结束后，组织同学们互相交流、观察、发现，引导他们直观地了解蚯蚓。

（二）共读绘本，发现“魔法”

1. 教师出示《蚯蚓的日记》，开心地说：“今天，蚯蚓小朋友来到了我们的课堂，要和大家分享它的日记，我们一起来看看吧！”教师选择绘本中 3~5 则有趣的日记，组织学生分组分角色朗读。

2. 故事寻宝

给学生发一个“放大镜”（纸片道具），让他们用这个“放大镜”去寻找故事里重复出现的情节或元素。

教师引导学生理解:《蚯蚓的日记》通过日记的方式创作，虽然形式上有重复，内容却不同。

教师把学生找到的“重复情节（形式）”写在黑板上，做成“重复密码本”。

（三）结构解密，学习“魔法”

教师:“同学们，你们看日记这样的重复形式，像不像我们玩的‘跳格子’游戏呀？日日重复，每天的内容却不一样。”

通过小组讨论，孩子们能更好地学习“日记”这一重复形式。

（四）集体创编，“魔法”初试

1. 创设情境

“这天，蚯蚓有了新朋友——西瓜虫，他看到蚯蚓的日记写得那么好玩儿，也拿起笔写了起来。”大家猜猜看，他会写什么内容呢?

2. 故事“魔法”

让同学们独立思考，同桌或小组交流。

◆ 预设:

2月4日，我在公园遇到了危险……

3月9日，我弟去找蚯蚓玩儿，可没想到他……

8月30日，马上要开学了，我的作业还没写完，我想到一个好办法……

3. 鼓励孩子们大胆想象，自由参加班级分享活动。

（五）独立创作，“魔法”表达

1. 魔法菜单（学生可自由选择）

续写：蚯蚓第101次教蜘蛛钻土，这次会发生什么事呢?

新编：举例《蜗牛的快递日记》《瓢虫的飞行日志》，以《×××的日记》创编新故事。

2.“魔法”锦囊

（1）故事要有重复情节，至少写3次相似的情节。

（2）可以创编重复句式，让故事更有特色。

（3）相同形式的重复，内容要有变化。

老师播放大自然中的“轻音乐”，比如风吹树叶的沙沙声、鸟儿的鸣叫，引导他们沉浸式创作。

（六）课下展示，“魔法”分享

1. 颁布最佳创意标准

（1）重复有节奏，读来朗朗上口。

（2）变化有惊喜，重复有新花样。

（3）结尾有反转，令人意想不到。

2. 童话“魔法”屋

让同学们将自己的作品，贴在魔法屋的门上或窗户上，大家来找找小伙伴故事里的“重复密码”，并进行评价。

（七）拓展延伸

（根据学情选择）

（一）推荐阅读：推荐《蜘蛛的日记》《苍蝇的日记》等同系列绘本，让同学们继续感受这种有趣的写作风格。

（二）自然观察：在教室里建立班级“土壤生物观察角”，养蚯蚓、西瓜虫等小生物，让同学们可随时观察，培养他们对大自然的热爱。

（三）家校共育：孩子们给爸爸妈妈讲述带有“重复魔法”的故事，感受分享故事的快乐。

五、教学评一体

（一）课堂观察：在教学中，老师仔细观察每个学生，让所有学生都能全身心参与到活动中。

（二）作品分析：从“重复指数”和“创意指数”两个方面评价学生作品。“重复指数”：看故事里重复结构用得好不好、多不多；“创意指数”：看故事有没有新意，是否富有趣味。

爱的永恒与意义：电影《雪孩子》童话读写教学案例

（适用一年级）

一、设计理念

《雪孩子》是一个充满温情与爱的故事，对于一年级学生的情感认知和想象力发展具有重要意义。一年级学生正处于对世界充满好奇、语言表达能力逐步提升的阶段。本次教学以该电影为依托，选取“白云旅行日记”和“图画叙事”作为童话读写的突破点，引导学生通过绘制无字故事画，锻炼观察力、想象力和创造力；以春天的视角写（画）雪孩子的复活，让学生深入感受故事中的情感，培养同理心和语言表达能力，在趣味创作中提升童话读写能力，感受文字表达的魅力。

二、教学目标

（一）语言表达

1. 能用简单、流畅的语言描述自己创作的“春天的魔法”的内容，锻炼口语表达能力。

2. 以白云的视角，用富有情感的语言完成白云日记，提升语言表达能力。

（二）思维发展

1. 通过白云的视角讲述雪花的消失过程，引导学生换角度思考，拓展思维的灵活性。

2. 在绘制“春天的魔法”故事画的过程中，培养学生的想象力和逻辑思维能力，引导学生学会构建简单的故事框架。

（三）情感体验

1. 感受《雪孩子》中雪孩子舍己救人的精神和小兔子与雪孩子之间深厚的情谊，培养学生善良、勇敢、友爱的品质。

2. 在创作中表达自己对离别情感的理解，增强情感认知和表达能力。

（四）艺术创作

学会用简单的绘画工具和技巧，创作能表达故事内容的图画，提高动手能力和审美能力。

三、教学重难点

（一）教学重点

1. 引导学生理解白云视角，在日记中表达出真挚的情感。

2. 指导学生用图画清晰地表现“春天的魔法（雪孩子的复活）”，画面内容要具有连贯性和逻辑性。

（二）教学难点

1. 引导学生在日记中从白云的视角出发，准确细腻地表达离别时的复杂情感，避免情感表达空洞。

2. 让学生在无字叙事中，通过画面生动地展现故事的关键情节和情感变化，避免画面内容单调。

四、教学过程

（一）情境导入：冬日的神秘朋友

1. 雪花谜语秀

“白胖娃娃坐山头，红红鼻子黑豆豆。太阳出来它流泪，猜猜它是谁朋友？”（学生回答）

2. 播放电影《雪孩子》并讨论

引导学生思考：雪人救小兔的时候，心里会想些什么？

鼓励学生大胆发言，分享自己的想法，深刻感受雪孩子舍己为人的精神。

（二）白云日记本：白云的旅行

教师：雪孩子最后变成了什么呢？（学生回答：白云）

1. 角色扮演：学生佩戴云朵头饰，教师扮演太阳。

“白云，白云，顺着我的光线滑梯去旅行吧！”

引导学生感受白云漫步天空以及变成雨雪的感觉。

2. 教师：“哇，下雪啦！下雪啦！”教师用湿海绵在孩子们手上滴水，模仿融雪。

教师：“凉凉的、痒痒的，像不像雪孩子在挠我们的手心？”

白云日记：“今天，我变成了________，跟着________去________，看见________在对我笑。”

引导同学在小组内交流。

（三）复活实验室：春天的魔法

教师："其实，雪孩子并没有真正消失，你看，他正挽着春姑娘的手，在天空中散步呢！"

1. 季节转盘游戏：转动四季转盘，将其定格在"春天"

"呼——北风爷爷下班啦，春雨姐姐来敲门！"

2. 复活药水配方：小组讨论复活方法并用图画记录

"需要几滴春雨？几片花瓣？加上彩虹的颜色还是小鸟的歌声？"

3. 故事接龙："当第一朵迎春花开放时，泥土里的雪孩子……"可以让同学们写一写，画一画。

4. 教师巡回指导，帮助学生梳理思路，组织语言。鼓励他们用简单的语言把心里的想法写出来；对于写作过程中遇到困难的学生，鼓励他们大胆想象，表达自己的想法；指导已经完成初稿的学生检查日记内容，修改错别字和不通顺的句子，让日记更流畅、更有感情。

（四）展示分享：故事分享会

1. 作品展示

邀请几位学生上台展示自己的作品。一边指着画面一边用简单的语言讲述故事；然后分享"春天的魔法"，有感情地朗读自己写的内容。

2. 互动评价

（1）展示结束后，教师引导学生进行评价：大家觉得他画的故事有趣吗？从画中是不是能看出雪孩子复活了呢？他写的"春天的魔法"有没有说出雪孩子的心里话？

鼓励学生从画面内容、故事连贯性、日记情感表达等方面进行评价，培养学生的倾听和评价能力。

（2）教师对学生的作品进行总结评价，肯定学生的努力和创意，表扬日记朗读得有感情，故事画得生动的学生，给他们奖励小贴纸或书签。

针对学生作品中存在的问题提出改进建议，比如画面可以再丰富一点，日记的想象力可以再丰富一些等。

（五）课后延伸：故事绘本制作

（课后完成）

1. 故事分享

让学生回家后，整理自己画的故事和写的“春天的魔法”，制作成一本小小的故事绘本。可以给绘本画上漂亮的封面，写上自己的名字。

鼓励学生把故事绘本分享给家人和朋友，听听他们的评价和建议。

2. 故事展示

下节课组织一次“故事绘本展览”，将学生的作品展示在教室里，让大家互相欣赏、学习。评选出“最佳故事画奖”“最美绘本奖”等，激发学生的创作热情和成就感。

五、板书设计

雪孩子

1. 故事画要点：变化，心情……

2. 白云日记

3.“春天的魔法”示例展示：

春天画面……

六、教学评一体

（一）过程性评价

1. 在课堂讨论环节，观察学生参与讨论的积极性，是否能主动发表自己的想法，与小组成员合作是否融洽。

2. 在创作过程中，关注学生讲述小白云日记时的情感投入和语言表达能力以及绘制故事画的认真程度、想象力的发挥等。

3. 展示分享环节，评价学生的表达是否清晰、流畅，能否认真倾听他人的分享并给予合理的评价。

（二）成果性评价

1. 从白云日记和“春天的魔法”画作等两个方面对学生的作品进行评价。白云日记评价情感表达是否真挚，语句是否通顺，格式是否正确。故事画看画面内容是否能清晰地讲述故事，画面之间的连贯性如何，绘画技巧和色彩运用是否得当。

2. 根据学生制作的故事绘本的整体质量进行评价，包括绘本的设计、画面颜色的搭配、想象力丰富与否等，综合考量学生的学习成果。

附：电影信息

影片名：《雪孩子》

导演：林文肖

制片：上海美术电影制片厂

片长：20 分钟

语言：普通话

上映时间：1980 年

故事梗概：

冬天，兔妈妈出门前和小兔子堆了个雪孩子。妈妈走后，雪孩子竟和小兔子在雪地里畅快玩耍。小兔子玩累了回屋睡觉，炉火引燃木屋。雪孩子发现后，不顾一切冲进火海救出了小兔子，自己却化成了一摊水。

兔妈妈回来后，小兔子告诉妈妈，是雪孩子救了他。这时，天空中出现了一朵洁白的云，小兔子认为那就是雪孩子变的……

这部动画没有对白，水墨画面搭配《滑雪歌》，富有诗意，很适合孩子看，大人也能借此重温童年的纯真与美好。

变换视角的运用：
电影《礼物》童话读写教学案例

（适用二年级）

一、设计理念

二年级学生正处于对世界充满好奇、语言表达能力逐步提升的阶段。《礼物》蕴含着丰富的情感与成长主题，对于二年级学生的情感认知和想象力发展具有积极的引导作用。本次教学以该电影为依托，选择“宠物视角”作为童话读写的突破点，引导学生从独特的视角观察和思考，通过小狗的口吻写作，培养同理心和想象力；以寻找家中“反光物”为主线编写故事，提升观察力和创造力，让学生在趣味创作中提高童话读写能力，感受文字表达的魅力。

二、教学目标

（一）语言表达

学生能以小狗的口吻，用简单、通顺的语言讲述《我的小主人》的故事，提升口语和书面表达能力。

（二）思维发展

在以宠物视角写作的过程中，学会换位思考，理解他人的感受，发展同理心和想象力。

（三）情感体验

1. 感受电影《礼物》中传递的关爱、勇气等情感，体会小狗与小主人之间深厚的情谊，培养学生关爱他人、勇敢面对困难的品质。

2. 引导学生在创作中表达自己的情感，增强情感认知和表达能力。

（四）审美能力

在编写故事的过程中，引导学生感受故事中的美好情感和有趣情节，培养他们对文学作品的审美能力。

三、教学重难点

（一）教学重点

指导学生理解并运用宠物的视角，写出《我的小主人》故事中真实、有趣的细节。

（二）教学难点

让学生真正站在小狗的角度思考和表达，以增强学生的换位思考能力。

四、教学过程

环节一 魔法宠物变身秀

1. 情境导入

教师戴上小狗耳朵发箍、尾巴道具，模仿小狗蹦蹦跳跳地进教室："汪汪！今天有只魔法小狗来上课啦！猜猜它要带我们去哪里探险？"

播放电影《礼物》主题音乐，展示电影海报："魔法小狗说，它的主人有一个秘密，只有聪明的小朋友才能发现！"

2. 互动热身

让学生模仿小狗的动作（摇尾巴、转圈）。

教师提问："如果你是魔法小狗，最想帮主人做什么？"

学生回答："我想帮主人（拿书包、找玩具……）！"

环节二 魔法电影探险记

1. 片段猜想游戏

播放无声电影片段（如小狗陪小主人练习走路），学生根据画面猜测情节："小主人在做什么？小狗是怎么帮忙的？"

揭晓答案后，教师以夸张的语气配音："小主人，别怕！我来当你的小拐杖！汪汪！"

2. 动作配音挑战

学生分组为电影片段（比如小主人摔倒）即兴配音。模仿小狗的叫声和内心独白："汪汪！小主人受伤了，我要舔舔他的膝盖！"

环节三 小狗日记魔法屋

1. 视角转换训练

教师出示“小狗日记本”道具，示范：“今天小主人夸我好聪明！他教我玩球，球滚到了沙发下，我用爪子使劲掏呀掏……”

指导学生模仿，并以小组为单位试着讲一讲。

2. 魔法贴纸（可选）

可以让学生领取“小狗心情贴纸”（笑脸、哭脸、爱心……），贴在日记空白处，补充句子：“看到小主人难过，我也哭起来，为了安慰小主人，我就使劲儿蹭他的脸。”

环节四 日记分享站

1. 故事主播体验

学生以小狗的口吻分享日记，比如“亲爱的小朋友们，今天我和小主人（去公园、去散步等），太开心啦！”

2. 听众互动提问

“听众”举手提问：“小狗，小狗，小主人腿疼的时候，你是怎么安慰他的？”

“小狗”即兴回答。教师和学生点评。

3. 勋章授予仪式

教师颁发“童话小作家”“超能观察员”勋章，学生佩戴勋章走“星光大道”，模仿小狗摇尾巴致谢。

环节五 魔法故事漂流瓶

（课后延伸）

1. 家庭童话盒

学生将课堂作品装入“漂流瓶”（纸盒），带回家分享给自己的爸爸妈妈，提醒同学们，一家人可以一起创编新故事。

2. 班级童话展

课间举办“小狗日记”展，学生用贴纸为喜爱的作品投票，评选“最暖心日记”。

五、板书设计

小狗日记

1. 小狗视角要点：喜欢的事，伤心的事……

2. 故事示例：小主人摔倒，小狗帮忙；镜子开启魔法之旅

六、教学评一体

（一）过程性评价

1. 课堂讨论，尽量激发学生参与讨论的积极性，观察他们是否能主动发表自己的想法，与小组成员合作是否融洽。

2. 在创作过程中，关注学生以小狗的视角写作的准确性，编故事的创意和努力程度，观察书写是否认真规范。

3. 展示分享环节，观察学生的表达是否清晰流畅，能否认真倾听他人的分享并给予合理的评价。

（二）成果性评价

1.《小狗日记》是否符合小狗视角，故事内容是否有趣，情感是否真挚，想象力是否丰富，情节是否合理，语言表达是否通顺。

2. 关注学生创作的故事绘本质量，包括故事内容的完善程度、插画与故事的契合度等，综合考量学生的学习成果。

附：电影信息

影片名：《礼物》

导演：雅各布·弗雷（Jaob Frey）

制片：德国巴登－符腾堡州电影学院

片长：4 分 30 秒

语言：无对白

上映时间：2015 年

故事梗概：

一个小男孩，因为腿瘸，渐渐沉迷于电子游戏的世界。一天，妈妈带回来一只断腿的小狗，想让它成为小男孩的陪伴。

开始，小男孩恨不得把小狗扔出去。他自己的腿有残疾，心里本就难过，看到这只同样“不完美”的小狗，就好像看到自己的缺陷被放大，所以，他嫌弃小狗，不想看到它，更不想和它待在一起。

可是，小狗虽然只有三条腿，却可爱又活泼。它在新家，这儿瞅瞅、那儿嗅嗅，对什么都充满好奇，活力四射。

慢慢地，小男孩被小狗的“乐观”感染。他不再整天盯着屏幕玩电子游戏，而是和小狗一起玩耍，感受真实世界的快乐。

终于有一天，小男孩拄着拐杖，带着小狗走出家门，去拥抱外面丰富多彩的生活了。

打开魔法袋，开启童话冒险之旅

（适用一年级）

在孩子的成长过程中，童话宛如一座梦幻城堡，承载着他们纯真美好的想象；而游戏则像城堡中的魔法钥匙，开启了欢乐与探索的大门。当童话与游戏巧妙融合，会为一年级的孩子们带来怎样奇妙的体验呢？一年级学生识字量有限，但其想象力却如同浩瀚星空般无边无际。设计有趣的游戏，能极大地激发他们的想象力与故事创作能力，让语文学习成为一场充满惊喜的冒险。现在，就让我们一同走进十个妙趣横生的童话创意读写小游戏，领略其中的魅力吧！

游戏一 字母宝宝历险记

对于刚入学的一年级学生来说，拼音字母的学习常常枯燥乏味。不妨带领他们将拼音字母带入奇妙的童话世界，这既能帮助他们复习巩固拼音知识，又能激发创作热情。

◆ **魔法袋**

1. 制作各种动物、花草、水果形状的字母卡片，如“刺猬”“向日葵”“西瓜”等。卡片图案应丰富有趣、色彩艳丽，充分吸引孩子的注意力。

2. 准备形状各异的彩色卡纸，如体现火车站、小树林、大桥等场景的，还可添加小红帽、大灰狼、猎人等孩子们熟知的童话人物元素，为故事创作搭建丰富的背景。

3. 准备与童话相关的小奖励，如魔法棒、魔法宝石、魔法帽等，增添游戏的趣味性与吸引力。

◆ **魔法驿站**

1. 抽取道具：老师向同学们展示准备好的游戏道具，并详细讲解规则：同学们自由抽取一个或几个字母作为故事的主人公，再抽取一张或数张彩色卡片作为故事背景，开启童话创作之旅。

2. 构思故事：同学们根据所选的字母和彩色卡片，展开想象的翅膀构思故事，并讲给小伙伴听。在同伴讲故事时，认真倾听，待其讲完后，积极提出自己的想法，通过同桌或小组内的“头脑风暴”，相互启发，丰富故事内容。

3. 童话分享：小组内分享完故事后，同学们可自由报名参加“故事小能手”评选。获得师生一致好评的同学，将有机会赢得魔法棒，戴上魔法帽，收获满满的成就感。

游戏二 字母小弟奇遇记

拼音学习往往让不少同学感到头疼。若让字母在孩子们创作的故事里经历一番神奇的冒险，相信他们会对这些字母宝宝产生浓厚的兴趣。

◆ **魔法袋**

1. 准备字母饼干，若没有，可用彩色卡纸剪出色彩丰富的字母卡片代替。

2. 一张白纸和一盒彩笔，用于孩子们记录和描绘故事。

3. 用甜甜的字母饼干作为小奖励，激励孩子们积极参与。

◆ **魔法驿站**

1. 抽取道具：老师展示字母卡片，提醒同学们用选取的拼音字母组合成一个词，这个词可以是故事的主人公，如小兔、蘑菇、熊等，也可以是故事发生的地点，像森林、草地、山洞等。

2. 构思故事：同学们根据字母组合的词语，充分发挥想象力，构思跌宕起伏的故事情节，在脑海中勾勒出精彩的故事画面。

3. 童话“漫画”创作：根据想象的故事画面，创作一个四格（或多格）“漫画”，一格一格清晰地展现故事的主要情节，将脑海中的故事具象化。

4. 故事分享：以画好的“漫画”为蓝本，给小伙伴讲述自己创作的故事，在同桌或小组内分享交流，倾听大家的想法和建议，进一步完善故事。

5. 班级展示：同学们自由报名在班级里分享故事，勇于展示的同学可获得魔法大礼包或甜甜的字母饼干，收获属于自己的荣誉。

游戏三 童话角色骰子

掷骰子选择童话角色，再编织故事，这种玩法既刺激又有趣。游戏所需物品简单，玩法容易上手，快和一年级的小朋友们一起开启这场童话之旅吧！

◆ **魔法袋**

1. 自制骰子，在骰子不同的面贴上不同的动物或平时讲过的童话人物，为故事创作提供多样的角色选择。

2. 一张白纸和一盒彩笔，方便孩子们记录和描绘故事。

◆ **魔法驿站**

1. 确定主人公：学生掷骰子，掷一到三次均可，每次出现的人物即为故事的主人公，例如“鲨鱼笑笑”或“方格子老虎 + 鼠小弟”，为故事奠定主角基础。

2. 构思情节：根据选定的主人公构思故事情节。若掷两次或三次，可为他们设计有趣的相遇场景，如在魔法森林中相遇、一起参加神秘派对等，让故事充满趣味。

3. 丰富细节：教师引导学生关注故事细节，从简单的人物对话入手，让故事变得生动。例如，方格子老虎被猎人的网捉住，鼠小弟路过时，方格子老虎焦急地哭喊道：“鼠小弟，快来救救我吧！”鼠小弟则疑惑地回应：“可以啊，但是我这么小，怎么才能救你呢？”

4. 绘制故事：把构思好的故事画在白纸上，用四格漫画或图画形式呈现，清晰地展现主要情节和场景，将文字故事转化为视觉画面。

5. 书写对话：选择一个场景，将设计的人物对话写下来，遇到不会写的字，可用拼音或自己熟悉的符号代替，鼓励孩子们勇敢表达。

6. 交换挑战：交换童话“漫画”，根据对方的“漫画”讲故事，看看彼此的想法是否一致，在交流中碰撞出创意的火花。

游戏四 神奇的“面具”

在充满想象的世界里，孩子们能化身成任何喜爱的角色。当他们亲手画出并戴上喜欢的童话人物或小动物面具时，会碰撞出怎样有趣的故事呢？让我们拭目以待！

◆ **魔法袋**

硬卡纸、彩笔、细绳。

◆ **魔法驿站**

1. 绘制头像：在硬卡纸上画出自己喜欢的人物形象，可以是米老鼠、白雪公主、小红帽等童话人物，也可以是可爱的小白兔、阴险的大灰狼、胆小的鼠小弟等动物。画完后抠出眼睛部分（若时间有限，此环节可在课下完成）。

2. 装饰脸部：用彩笔精心装饰头像的脸部，画出丰富的人物表情，赋予角色鲜活的生命力。

3. 变身主人公：用细绳穿起头像两端，戴上头像的瞬间，孩子们仿佛拥有了魔法，化身成故事主人公，沉浸在童话世界中。

4. 自由组合互动：以小组或全体同学为单位自由组合。比如公主遇到小白兔会如何打招呼？大灰狼遇到采蘑菇的小猪又会发生什么？鼓励孩子们大胆想象，演绎精彩故事。

5. 设计经典台词：教师引导学生为角色设计经典台词，可在相遇时说，也可写在面具上。台词越夸张有趣，越能吸引大家的注意力，让故事更加精彩。

6. 故事演绎：同学们戴上面具相遇，一场充满惊喜的故事之旅就此开启，答案就在孩子们的精彩演绎中揭晓。

游戏五 故事拼图

拼图是孩子们喜爱的玩具，当它与童话相遇，奇妙的故事便会应运而生。让我们一起探索其中的奥秘吧！

◆ 魔法袋

1. 选材一：从旧故事书或杂志上剪下童话人物、有趣事物的图片，如苹果树、大草原、可爱动物等，至少准备五张，充分利用已有资源。

2. 选材二：若没有合适的书籍杂志，学生可从网上选图，让家长帮忙打印，同样至少五张，确保图片类型的多样性。

◆ 魔法驿站

1. 抽取图片：打乱图片顺序，可以让同桌帮忙抽取三张图片，或两人的图片混合后各自抽取三张，增加游戏的随机性和趣味性。

2. 确定角色：根据抽取的图片确定故事的主要角色和次要角色，为故事搭建基本框架。

3. 图片配话：以小组或同桌为单位，轮流为每张图片配一句话，如“花格子大象在巨人的城堡里迷路了”“鼠小弟穿上了妈妈做的红毛衣”“笨笨狼的尾巴被冻在了湖面上”，为故事增添细节。

4. 串联故事：依据图片以及所配的话，将它们巧妙串联成完整的故事。小组或同桌可密切合作，共同“头脑风暴”完成一个故事，培养团队协作能力。

5. 班级分享：根据拼好的故事拼图和小组创意，把故事讲给全班同学听，展示团队成果，分享创作的喜悦。

6. 家庭互动：带着故事拼图回家，和爸爸妈妈一起玩这个游戏，在故事中共享温馨的家庭时光。

游戏六 词语彩虹桥

给予孩子们自由组合词语的机会，不同词语相互碰撞，便能创造出神奇瑰丽的童话世界。

◆ 魔法袋

七种颜色的纸条。

◆ 魔法驿站

1. 确定元素：在蓝色纸条上写下喜欢的人物，如小狼灰灰；在橙色纸条上写下地点、名称，如巨人的城堡，为故事设定基本场景。

2. 描绘心情：想象小狼灰灰来到巨人城堡时的心情，在黄色纸条上写下相关词语，如开心、惊奇、害怕等，丰富故事情感。

3. 设定行动：思考他们相遇后会做什么，选一个关键词写在红色纸条上，如问好、跳格子、捉迷藏等，推动故事情节发展。

4. 添加角色：选一张绿色纸条，添加另一个故事人物，为故事增添新的元素和可能发生的情节。

5. 构思故事：把几张纸条捏在一起，构思完整故事。也可选择其他纸条写下不同内容，不断丰富故事情节，让故事变得更加精彩。

6. 交换创编：小组或同桌交换彩色纸条，创编不同的故事并分享，在交流中拓展思维。

游戏七 我是大魔法师

当孩子们化身魔法师，平凡的物品也能拥有神奇魔力。一块石头可以是稀世宝石，一个小玻璃瓶能装下可怕的魔鬼。当他们从“魔法箱”中摸出物品时，魔法之旅便开启了。

◆ 魔法袋

1. 将一个普通鞋盒大小的盒子改造一下，写上“魔法箱”，营造神秘氛围。

2. 准备五六件常见物品，如树叶、勺子、断铅笔等孩子们喜欢的小玩意儿，为魔法创作提供素材。

◆ 魔法驿站

1. 魔法道具：认领魔法物品，教师让学生闭上眼睛从盒子中摸出一件物品，并以“魔法师”的角色描述这个物品，如“这是女巫用来催眠的树叶”“这是魔法师断了一截的魔法棒”，激发想象力。

2. 赋予神奇技能：根据刚才所说，展开想象，为这件物品附加神奇技能，如可以钻过火焰、能让人暂时眩晕、能让人立刻开心起来等，让物品充满魔力。

3. 设计魔法咒语：为这件魔法物品设计一句有趣的咒语，如“呼啦呼啦，飞起来”“呼噜呼噜，睡着了”“听我指令，即刻变身”，增加魔法的仪式感。

4. 制作魔法说明书：为自己的魔法物品设计一份“使用说明书”，可以写，也可以画，选择自己喜欢的方式，培养创造力和表达能力。

5. 魔法冒险之旅：带上自己的魔法物品，来一场神奇冒险。小伙伴之间分享冒险经历，在交流中感受魔法的魅力。

6. 家庭魔法秀：把这件魔法物品带回家，给爸爸妈妈展示它的神奇魔法，并带他们一起去奇幻世界冒险，共享欢乐时光。

游戏八 冒险地图

每个孩子的心中都藏着一份神秘地图，按图索骥，就能找到海盗的宝库、女巫的魔法城堡等奇妙之地。现在，让我们开启这场神奇的冒险吧！

◆ 魔法袋

一张白色卡纸、彩色小贴纸、彩笔。

◆ 魔法驿站

1. 标注地点：在白色卡纸上用贴纸标出神奇冒险地点，如“巨人城堡”“女巫的花园”“藏宝山洞”，构建冒险世界的框架。

2. 连接地点：用彩笔将这些地点连起来，老师提醒同学们尽量用弯弯曲曲的线连接，让冒险路线充满趣味和神秘感。

3. 想象情节：顺着曲线想象冒险情节，比如在去巨人城堡的路上遇到稻草人的挑战，前往藏宝山洞时遭遇喷火巨兽的袭击，为故事增添惊险刺激的元素。

4. 创编故事：选择一或两个地点，展开想象创编一个完整的故事，讲给同学听，分享冒险的精彩。

5. 交换分享：同学之间交换冒险地图，根据小伙伴的地图踏上冒险之旅，也可挑战给全班同学讲故事，看谁的故事更精彩，在交流中拓展想象力。

6. 家庭冒险：将自己或小伙伴的冒险地图带回家，和爸爸妈妈一起开启冒险，在亲子互动中增进感情。

游戏九 词语碰碰卡

一年级的小朋友在摆弄词语时，总能体验到创造的快乐。普通词语相互碰撞，也能产生童话般的奇思妙想。

◆ **魔法袋**

1. 准备两类卡片，一类是名词，包括常见的事物和童话人物等；另一类是动词或形容词，如吃西瓜、发呆、笑哈哈等。

2. 准备彩笔和白纸，用于记录和描绘故事。

◆ **魔法驿站**

1. 抽取组合：教师展示两类卡片，讲清规则后，让同学们从每类卡片中各抽取一张，组成一个句子（可适当增减词语）。可能会出现“月亮吃西瓜”“白雪公主（在）发呆”“大树笑哈哈”等新奇的组合。

2. 构思故事：根据组成的句子展开想象，构思一个充满奇幻色彩的童话故事，将奇思妙想转化为生动的故事内容。

3. 绘制故事：把构思的故事画出来，可以是四格漫画或连环画形式，用画笔展现故事的精彩瞬间。

4. 故事讲述：根据画作，将故事讲给同学听，分享自己的创意成果，倾听同学们的反馈。

5. 班级评选：自由报名参与班级分享，评选“童话大王”并颁奖，激发孩子们的创作热情和竞争意识。

6. 家庭分享：带着画作回家，把童话故事讲给爸爸妈妈听，让他们帮忙整理成文字稿，并将图画拍照留存，作为个人作品集的插图，留下成长的美好记忆。

游戏十 童话大转盘

代表幸运的大转盘也能融入童话元素，和学生一起在转盘的转动中体验童话的神奇魅力吧！

◆ 魔法袋

画好大转盘，标上八种奇特的“天气”，如“五彩雪”“奶油云”“糖果雨”等，准备一个指针，营造游戏氛围。

◆ 魔法驿站

1. 拨动指针：教师让学生拨动指针，看指针停在哪个格子，比如停在“奶油云”处，决定故事的主题元素。

2. 想象事物：根据出现的天气，想象相关情景，说出三个与之有关的事物，如棉花糖的云朵、糖果雨、彩虹糖的彩虹，为故事创作提供素材。

3. 构思故事：根据这些事物，构思一个完整的故事，讲给同学听，分享自己的奇思妙想。

4. 记录分享：讲完故事后，用文字记录下来，同学之间交换分享，感受彼此的创意，在交流中共同进步。

5. 多次创编：教师可让学生多转几次，选择最有想法的“天气”创编自己喜欢的故事，挖掘孩子们的创作潜力。

6. 班级展示：班级开展“童心讲童话”活动，同学们将自己写的童话誊抄下来并配插图，展示创作成果，进行评奖，激发创作热情。

这十个童话创意读写小游戏，为一年级的孩子们搭建了充满趣味与创意的学习平台。在游戏中，孩子们不仅能提升语文素养，还能收获无尽的欢乐，让学习变得轻松愉快。快和孩子们一起玩起来、写起来吧！

读写游戏：童话趣玩，点亮读写灯塔

（适用二年级）

2022年新修订的《义务教育语文课程标准》中，低年级“表达与交流”课程要求学生：“学说普通话，逐步养成说普通话的习惯，有表达交流的自信心。能认真听他人讲话，努力了解讲话的主要内容。听故事、看影视作品，能复述大意和自己感兴趣的情节。能较完整地讲述小故事，能简要讲述自己感兴趣的见闻。与他人交谈，态度自然大方，有礼貌。积极参加讨论，敢于发表自己的意见。对写话有兴趣，留心周围事物，写自己想说的话，写想象中的事物。在写话中乐于运用阅读和生活中学到的词语”。

学生自信心的培养应该是低年级学生表达与交流培养的关键，我认为只有在相对自由的表达环境中才能达到，而借助于童话创意读写小游戏，让他们在轻松愉悦地读、说、写中惬意地说出自己的想法，展现天马行空的想象，更能增强他们表达的信心，激发他们表达与交流的热情和兴趣。

在一个个简单好玩的童话创意读写小游戏中，他们跟随老师一起踏上奇幻的童话旅途，一个个精彩的小故事，自然地从教室里飞出，飞向童年的天空，翱翔在想象王国的蓝天，与白云做伴，和月亮捉迷藏……

这些游戏所需的材料简单易得，孩子们在玩要的过程中，既能锻炼表达能力和故事感受力，还能在童话世界里自由漫游，收获非凡的人生体验。现在，让我们一同带领孩子们开启这场充满欢乐与收获的童话游戏之旅吧！

游戏一 魔法时间胶囊

◆ **魔法袋**

生活中常见的纸杯、纸条和彩绳，就是开启这场奇幻之旅的钥匙。

◆ **魔法驿站**

1. 鼓励学生展开丰富的想象，在纸条上写下“100 年后童话世界的奇妙变化”。也许有人会写下“我骑在翱翔的飞鸟身上，赶往女巫的城堡”，或许有人会畅想“童话王国召开森林大会”的盛大场景。

2. 让孩子们小心翼翼地将纸条卷起，轻轻放入纸杯中，再用彩绳把纸杯绑好。一个充满神秘色彩的“时间胶囊”诞生了。

3. 同学们相互交换自己制作的“时间胶囊”，打开后，认真阅读，然后尝试以《打开时间胶囊》为题，写一篇小短文，讲述看到“100 年后童话世界奇妙变化”的感受，并由此引发新的故事。

游戏二 人物角色身份证

◆ **魔法袋**

小卡片或硬纸片，孩子们平时收集的贴纸，一盒彩笔。

◆ **魔法驿站**

1. 引导孩子们尽情发挥想象，尝试创造一个崭新的童话角色。

（1）给角色取一个有趣的名字，比如“彩虹兔”。

（2）赋予它神奇的技能，比如“能跳上云朵”。

（3）根据孩子们自己的想法，可以赋予角色不同的身份特点，比如性别、爱好、最喜欢做的事情、最怕的小动物、最讨厌的人……

2. 让孩子们拿起画笔，为这个角色绘制可爱的头像（画像），还可以用星星形状的眼睛、花瓣似的耳朵等贴纸装扮，让角色形象更加生动。

3. 指导孩子们在卡片背面写上角色的身份信息，还有口头禅等，例如“彩虹兔”的口头禅可以是“蹦得高才能看得远！”。

4. 化身自己创造的新角色，给小伙伴或爸爸妈妈讲述神奇的冒险故事。

游戏三 橡皮泥剧场

◆ **魔法袋**

彩泥、橡皮泥、牙签、便笺纸，或其他常见物品，比如树叶、贴纸、玻璃球等。

◆ **魔法驿站**

1. 指导孩子们展开想象，用橡皮泥捏出两个童话角色，比如威风凛凛的巨人和古灵精怪的小树精，尽量捏得活灵活现。

2. 用牙签作为道具支撑，并为角色添加有趣的道具，如用树叶做的“魔力伞”、闪闪发光的“宝石”、神奇的“魔法棒”等。

3. 指导孩子们在便笺纸上写下角色之间的对话，把便笺纸插在牙签上，用橡皮泥角色一起来“表演”有趣的故事。

游戏四 魔法商店

◆ **魔法袋**

将白色卡纸剪成一张张游戏卡大小的空白卡，硬币（游戏币或真硬币）、彩笔、贴纸。

◆ **魔法驿站**

1. 展开想象，设计魔法商店里商品的价格标签，例如“笑声罐头 5 元”“勇气饼干 3 元”……写在裁剪好的硬卡纸上，可以用彩笔或贴纸进行装饰。

2. 孩子们用“硬币”购买自己喜欢的商品，并向大家讲述购买这些商品之后的打算。比如，有的孩子可能会说：“我买了笑声罐头，想让森林里的小动物们都开心起来。”

3. 孩子们可以根据自己的购物经历，写一篇《我的魔法购物之旅》，记录购物过程中的有趣想法和发生的事情，或根据所购的魔法物品创编故事。

游戏五 会变形的故事折纸

◆ **魔法袋**

一张 A4 纸、彩笔。

◆ **魔法驿站**

1. 指导孩子们将 A4 纸对折四次，把纸分成 16 个小格。

2. 让他们用彩笔在每个小格中画出一个连续的故事场景，比如“小灰兔出发去寻找宝藏”“小乌龟遇到了可怕的风暴”“小海鸥发现了神秘的岛屿”……

3. 让孩子们互相讲述故事，分享完毕后，可以在纸的背面写下自己的故事。

游戏六 童话影子剧场

◆ **魔法袋**

一面白墙、阳光下的空地。

◆ **魔法驿站**

1. 指导孩子们用手势变出各种动物的影子，比如小狗、小鸟、兔子等常见的动物。

2. 给予“影子”角色一个冒险任务，比如“帮月亮找项链”“把小伙伴从女巫的城堡救出”“打败巨人怪”……

3. 孩子们用简笔画或四格漫画等形式把影子故事记录下来，并配上文字说明，与人分享。

游戏七 反转结局卡

◆ **魔法袋**

旧童话书里的书页、便利贴，若没有，也可以打印一些常见的童话片段。

◆ **魔法驿站**

1. 让孩子们阅读一个熟悉的童话片段，比如《三只小猪》盖房子的部分。

2. 鼓励孩子们发挥想象，改写故事结局，比如“狼和三只小猪变成了好朋友，一起快乐地生活在森林里”。

3. 孩子们根据新的故事结局，在便利贴上画一个“震惊表情包”插图，增强改编的乐趣。

4. 孩子们之间互相交流分享新童话片段（结局）。

游戏八 魔法药水

◆ **魔法袋**

玻璃瓶、野花、树叶、标签贴。

◆ **魔法驿站**

1. 带孩子们去户外采集“魔法材料”，比如清晨的露水、红红的花朵……把它们装进玻璃瓶，调配神奇魔法药水，比如以“露水＋蒲公英”调制“飞行药水”。

2. 让孩子们为调制的魔法药水写上配方及步骤，比如“搅拌三次，放在月光下的窗台上，再加入两颗星星的光芒……”

3. 让孩子们画出（写出）药水的神奇功效，把想象中的奇妙场景充分展现出来。

游戏九 童话密码信

◆ **魔法袋**

白色卡纸、蜡笔、水彩笔。

◆ **魔法驿站**

1. 孩子们用蜡笔在白色卡纸上写下“魔法密语”，用一些简单的图案代替文字，比如画一颗星星代替“快乐”，画一片树叶代表“春天”，画一粒种子代表“希望”……

2. 孩子们用水彩把纸上的图案覆盖住，之前用蜡笔写的内容若隐若现，如同密码。

3. 孩子们互相交换，破译密码，把密码翻译成一个句子，比如“星星代表快乐，森林里的小动物们都在快乐地玩耍”“树叶代表春天，春姑娘为大地穿上绿色的衣服”“种子代表希望，一粒魔法种子长大后，成了鸟儿们幸福的城堡”……

游戏十 故事种子盲盒

◆ **魔法袋**

小纸盒、植物种子、彩纸。

◆ **魔法驿站**

1. 孩子们在彩纸上写下各种魔法种子的名称，比如“笑声种子”“勇气种子”等。

2. 把写好各种魔法种子名称的彩纸和真正的植物种子一起放进小纸盒里，然后摇晃盒子，让种子和纸条混合在一起。

3. 孩子们抽取盲盒，根据抽到的魔法种子名称，写一篇《我种出的神奇植物》观察日记，展开想象，记录种子在童话王国发芽后的神奇经历……

二年级的童话读写创意游戏有了许多升级设计！像“故事种子盲盒”里的观察日记，有助于激发孩子们连续观察的热情和将生活与想象结合的能力；“故事橡皮泥”融入了自然科学元素，实现跨学科融合；“魔法商店”里的商品交易都是生活中常见的场景，增强了游戏的趣味性；“反转结局卡”的“反转改写”环节，则能激发孩子们的批判性思考能力。此外，所有游戏都可以灵活替换道具，老师可以引导孩子们充分利用废旧材料，增强他们的环保意识。

当然，这些游戏在家里，孩子们与爸爸妈妈也可尽情尽兴地玩起来。

老师们、家长们，快带着孩子们玩起来吧！让孩子们在童话的世界里尽情探索，大胆冒险，收获满满的故事和快乐！

童话七色花

（作品展示）

十一只小猫进袋子

张子沐（泰安市岱岳区山口镇中心小学 2024 级 3 班）

虎猫队长带着十只小猫去捕猎。路上，泥猴带着三个孩子来给小猫们送果子，它想用果子换几条鱼吃。泥猴邀请小猫们去泥塘玩，一到泥塘，小猫们就叫起来：“泥猴，快带我们出去！这里太脏啦，我们不喜欢！”

十一只小猫看到了一个大大的袋子。一只小猫惊讶地说：“哇，这个袋子好大呀！”

虎猫队长好奇地说：“要不，咱们去看看？”

这时，它们发现袋子旁边有个牌子，上面写着“禁止进入”。

可是，小猫们还是钻进了袋子里。一只小猫大喊：“别踩我的尾巴！”

虎猫队长赶忙喊道：“大家别乱，保持秩序！”

突然，袋子口一下子封住了，小猫们听到“呜嘿哈哈，呜嘿哈哈”的笑声传来……

原来，小猫们被大怪兽抓走了。

白天，小猫们得拉磙子干活，晚上就只能挤在笼子里睡觉。

“这样可不行！咱们得想办法逃出去。”虎猫队长小声地说。

一天，大怪兽喊道：“小猫们，起床啦，起来拉磙子！”

十一只小猫实在受不了了。

为了逃离大怪兽，小猫们想出了一个办法。这天，小猫们拉磙子的时候，看起来心情特别好，它们一边拉一边唱：“拉磙子真开心！喵喵喵，喵喵喵……”

大怪兽心里想：真有这么开心吗？它从小猫们手里夺过绳子，也拉了起来，也一边拉一边笑。

突然，大怪兽发现小猫们都不见了。它跑到楼顶，看到一个木桶，心想：小猫们肯定在里面！于是，它就钻进了木桶。

就在这时，十一只小猫从别的地方跳了出来，它们拿起长长的棍子，用力一推木桶，把大怪兽撞下了山崖。

小猫们高兴地欢呼起来，它们成功打败了大怪兽！

评语：张子沐同学，你写的这个故事太有意思啦！把十一只小猫被大怪兽抓住、又想办法逃脱的过程写得很清楚，特别是小猫们用计让大怪兽钻进木桶的情节，老师看得可入迷啦！不过呀，要是在描写小猫们说话的时候，能加上一些表情和动作，比如小猫们生气地说、着急地跳起来说，这样故事就会更生动啦。你可以试着改改，老师相信你能写得更棒！

十一只猫和鼠小弟

刘婧茹（泰安市岱岳区山口镇中心小学 2024 级 3 班）

猫队长拿着相机出门准备拍照，突然碰见了鼠小弟，他一下子愣住啦！原来鼠小弟穿着和猫队长一样的小背心，只是上衣颜色不一样，鼠小弟穿的是红色上衣，猫队长穿的是蓝色上衣。

猫队长心想：出门居然还能遇到“撞衫”的，这真是太意外啦！

其他十只小猫都在钓鱼，猫队长喊他们一起去玩，可那十只小猫摇摇头说，不去。

于是，猫队长就和鼠小弟一起去玩了。猫队长还买了一只气球送给鼠小弟，鼠小弟开心极了！ 可是最后，其他小猫都没钓到鱼，他们特别生气，把鱼竿都扔了！只有猫队长和鼠小弟玩得开开心心！

评语：刘婧茹同学，你的故事很有创意呢！把猫队长和鼠小弟之间发生的有趣事情写出来了，而且还写了其他小猫的反应，让故事更丰富啦。不过呢，老师觉得要是你能把小猫们没钓到鱼时的表情、动作再写得详细点，比如有的气得直跺脚，有的嘟着嘴，这样大家就能更清楚地知道他们有多生气啦，你愿意试试吗？老师期待你更精彩的故事哟！

十一只猫和艾玛

孙岳桐（泰安市岱岳区山口镇中心小学 2024 级 3 班）

十一只小猫在路上看见了一头大象。

它们走上前问：“嘿，你是谁呀？身上花花绿绿的真特别！”

“嗯……”艾玛有些害羞，一下子逃进了森林里。

十一只小猫很好奇，想看看艾玛在森林里的生活是什么样的。

突然，传来一个声音。

猫队长发现艾玛长大了好多。

艾玛热情地说：“嘿，小猫们，快上来，骑到我的背上吧！”

有只坐在艾玛鼻子上的小猫问：“为什么只有我在鼻子上呀？”

艾玛带着小猫们在森林里玩耍，刚好走到一片树荫下，它们就在那里乘凉休息。艾玛还把韦伯叫过来一起玩。

评语：孙岳桐同学，你写的故事很有趣哟！把十一只猫和艾玛相遇的场景写得活灵活现，尤其是小猫们对艾玛的好奇，还有艾玛邀请小猫们玩耍的情节，都特别有意思。不过呢，故事好像有点短，老师觉得你可以再想想，小猫们在树荫下一起玩的时候，有没有发生什么好玩的事情呀？比如一起做游戏、分享小秘密，把这些加进去，故事就更丰富啦。你可以试试看，老师相信你能做到！

艾玛找到了家

赵玉龙（泰安市岱岳区山口镇中心小学2024级3班）

有一只特别的大象走在森林里，看到了一群和自己长得不一样的大象。

它主动打招呼："你们好呀，我是大象，我叫艾玛，我能跟你们一起玩吗？"

那群大象热情地回答："当然可以呀！"

于是，艾玛跟着大家排着长长的队伍在森林里游玩。走着走着，前面出现了一个泥潭，一只大象不小心掉了进去。

艾玛赶紧在附近找了一根老树藤，它用鼻子紧紧缠住树藤，其他大象们在它身后使劲儿拽着它的尾巴，大家一起喊着："嗨哟……嗨哟……"费了好大的劲儿，终于把那只大象救了出来。

为了感谢艾玛，大象们邀请艾玛去家里做客。

大家准备了好多好吃的，聚在一起有说有笑的，开心极了！

从此以后，艾玛和大象们在森林里过上了幸福的生活。

评语：赵玉龙同学，你写的这个故事充满了温暖！把艾玛和其他大象之间互相帮助的情节写得很生动，让老师感受到了它们之间的友好。你能把救助大象的过程写得这么清楚，真的很棒！不过，要是在描写大象们的表情和对话时，再丰富一些就更好啦，比如被救的大象感激地说"太谢谢你啦，艾玛！"这样故事就会更精彩。你可以试着改改，老师很期待你更加出色的作品哟！

艾玛的梦想

穆瑞鑫（泰安市岱岳区山口镇中心小学2024级3班）

艾玛是一只身上有着五颜六色的花格子大象，它每天都盼望着能变成一只普通的灰色大象。

一天，韦伯来找艾玛玩，艾玛问它："韦伯，你想变成一只灰色大象吗？"

韦伯回答："当然想啦，可是怎么才能变成灰色大象呢？"

这时，来了一只灰色大象，它热情地打招呼："你们好呀！艾玛、韦伯。"

艾玛和韦伯齐声回应："你好呀！"

艾玛接着问："你知道怎么才能让我们变成灰色吗？"

灰色大象说："我知道山上有一种灰色的果子，它的汁水可以让你们变成灰色哟。"

艾玛连忙问："你能带我们去吗？"

灰色大象爽快地回答："可以呀。"

于是，它们一起来到山上，找到了灰色的果子。艾玛和韦伯把果子摇落到地上，然后在果子上滚来滚去，滚了好久……终于，它们变成了灰色。

哇！艾玛和韦伯的梦想终于实现了。

可是几天后，天空下起了大雨，艾玛和韦伯被淋得湿透，它们又变回了花格子大象。

"唉……"艾玛和韦伯你看看我，我看看你，都不知道该说什么才好。

评语：穆瑞鑫同学，你写的故事好有意思呀！把艾玛想变成灰色大象的梦想以及实现梦想的过程写得很详细，让老师读得津津有味。尤其是它们在果子上滚来滚去的样子，仿佛就在老师眼前表演一样。不过呢，老师觉得在艾玛和韦伯发现自己又变回花格子大象之后，可以再写写它们心里是怎么想的，这样我们就能更加了解它们的心情啦，你要不要试着补充一下呢？老师相信你会写得更棒！

鲨鱼笑笑

宋榕榕（泰安市岱岳区山口镇中心小学2019级2班）

有一天，笑笑在散步。它看见一只鲶鱼在珊瑚旁唱歌，笑笑笑着问鲶鱼："你能和我一起玩吗？"鲶鱼吓得直发抖，一不留神，就以最快的速度逃走了。

笑笑继续往前走，又看见水母挥舞着无数的触角，悠然自得地游着。笑笑问："水母，你可以和我玩吗？"水母一个劲儿地游开，逃走了。

笑笑心想：别人为什么都不和我玩呢？难道是因为我爱笑吗？

评语：宋榕榕同学，你写的《鲨鱼笑笑》的故事很有意思！把鲨鱼笑笑和鲶鱼、水母的互动写得很生动，让大家一下就记住了笑笑这个有点困惑的小鲨鱼。不过呀，要是能再多写一些笑笑心里是怎么想的就更好了，比如它除了怀疑是因为自己爱笑，还会有其他想法吗？这样故事就更丰富啦，继续加油哟！

猫和老鼠做朋友

张楠茜（泰安市岱岳区山口镇中心小学2019级2班）

一天，一只小猫搬进了大房子里。这只小猫有个最大的特点，就是不爱吃老鼠。

邻居牛先生、猪太太和猪小弟都对小猫说："这间房子闹鬼！"可是小猫不相信，说："世界上没有鬼。"

晚上，果然发生了奇怪的事。小猫睡得正香的时候，突然听见从墙角传来

"吱嘎吱嘎"的声音，而且这声音越来越大，太可怕啦。

小猫赶紧从床上跳起来，打开灯，穿上鞋子，跑到墙角一看，发现墙角有一个很大的老鼠洞。原来是一窝老鼠正在洞口吃奶酪呢。老鼠看到小猫，吓得魂飞魄散，急忙跑进老鼠洞。

小猫对它们说："你们不用担心，我不爱吃老鼠，请你们快出来吧。"从此，猫和老鼠过上了幸福的生活。

屋子里再也没有出现奇怪的声音了，邻居们终于相信了小猫的话，这房子里没有鬼。

评语：张楠茜同学，你的这个故事太有趣啦！把小猫和老鼠之间的故事讲得特别清楚，大家一下子就知道小猫和老鼠是怎么成为朋友的了。要是在描写小猫和老鼠的时候，能加上它们的神情，比如小猫说话时的表情、老鼠害怕时的样子，故事就更精彩啦。老师相信你下次能写得更好！

不会飞的小鸟

王梓旭（泰安市岱岳区山口镇中心小学 2019 级 2 班）

从前，有一只鸟妈妈生了一窝小鸟。老大抢吃抢喝，老二非常灵活，老三非常可爱。

时间过得真快，转眼间快到秋天了，小鸟们开始学习飞行。老大学得很快，几天就学会了。老二学得很慢，学了一星期才学会。老三呢，学了一个月还是不会，没办法，家人只好丢下它走了。

冬天来了，北风呼呼地刮着，这只小鸟又饿又冷。小鸟走啊走啊，走到了田鼠家。田鼠很善良，收留了它。田鼠问它会不会飞，它回答不会。田鼠说："过了冬天再去找你的爸爸妈妈吧！"它点点头，笑了笑。

外面下着鹅毛大雪，但小鸟待在田鼠家里一点也不冷。冬天过去了，春天来了，小鸟们飞回来了，柳树、小草、花儿都发芽了。小鸟又开始学飞了，这时，小鸟拍拍翅膀，一下子就飞了起来。

它一边飞一边想：要是我的家人能看见就好了。小鸟看到了它的哥哥姐姐，它飞了过去，一家人团圆了，小鸟特别开心。

评语：王梓旭同学，你写的《不会飞的小鸟》这个故事很温暖呢！把小鸟学飞的过程，还有它和田鼠之间的故事写得很完整。在描写小鸟学飞的时候，要是能写一写它当时的心情，比如一开始学不会很难过，后来学会了特别激动，这样就能让大家更加深切地感受到小鸟的心情变化啦。继续努力呀！

笨拙的小螃蟹

张梓哲（泰安市岱岳区山口镇中心小学 2019 级 2 班）

小螃蟹很讨厌自己那双笨拙的大钳子。

一天，它正在和好朋友海龟、章鱼还有水母一起玩。它们一起玩抓泡泡，可是它有一双大钳子，一不小心就会把泡泡弄破了。海龟说：“看来我们不能玩这个游戏。”章鱼说：“要不我们玩抓人游戏吧！”

游戏开始了，章鱼和小螃蟹都跑了，海龟来抓。但是小螃蟹的大钳子把自己绊倒了，它直接把自己埋进了沙子里，只露出一双眼睛。海龟不得不把它挖了出来。水母说：“看来这个游戏也不合适。”海龟又说：“那我们一起玩捉迷藏吧，让小螃蟹来找。”

小螃蟹先找到了海龟，又找到了水母，可是左找右找，在珊瑚丛中东张西望，就是找不到章鱼。它听到有人喊救命，循着声音跑过去，一看是章鱼，它被海草缠住了。水母和海龟也赶来了，它们两个东扯扯、西扯扯，但就是拉不开，海草反而缠得越来越紧。然后小螃蟹想了个办法，用它的大钳子慢慢把海草剪开，章鱼得救了。

后来，小螃蟹有了很多很多好朋友，也不再讨厌它的大钳子了。

评语：张梓哲同学，你笔下的小螃蟹太可爱啦！你把小螃蟹和朋友们玩游戏的过程写得好有趣，特别是小螃蟹用大钳子救章鱼的情节，写得很清楚。要是描写小螃蟹心情的时候能更丰富一些，比如一开始讨厌大钳子时很烦恼，后来救了章鱼后又特别开心，这个故事就更棒啦。老师期待你下次的作品！

公主与女巫的故事

孟凡舒（泰安市岱岳区山口镇中心小学 2019 级 2 班）

从前，有一个女巫征服了整个世界，世界顿时陷入了黑暗。

有一天，一位王后生了一个美丽漂亮的公主和一个帅气的王子。公主和王子渐渐长大了，决定一起去拯救这个世界。

他们翻过了九十九座高山，跨过了九十九条大河，来到了女巫住的地方。

公主和王子来到女巫家，但是女巫不在家。不一会儿，女巫回到家里，看见公主和王子在，就扮成一个婆婆进了屋。公主和王子认出了这位婆婆就是女巫，于是女巫和公主、王子打了起来，双方不分胜负。眼看着公主和王子就要被打倒了，这时，国王和王后赶了过来，一起加入这场战斗。最后，他们一起打倒了女巫。

世界恢复了光明，国王、王后、公主和王子高兴地抱在了一起。

评语：孟凡舒，你写的这个故事充满了勇气和力量！公主和王子为了拯救世界去和女巫战斗，这个情节特别吸引人。不过呢，在描写战斗的时候，要是能写一写他们是用什么方法进行战斗的，比如公主有没有什么特别的魔法，这样故事就会更精彩啦。你下次的作品一定会更优秀！

鲨鱼先生的海带

陈佳瑞（泰安市岱岳区山口镇中心小学2019级2班）

在一片大海里，鲨鱼先生做起了卖海带的生意。但是他没有时间陪自己的孩子，只好让鲨鱼妈妈陪着。

可是卖海带的生意一天不如一天，因为动物们都吃腻了海带，不想再吃了。

这可把鲨鱼先生急坏了，他天天在自己的花园里走来走去。

儿子看见了，说："爸爸，不要着急，我用海带给您做一个花环吧。"妈妈又说："你不用着急，我用海带给你做窗帘吧。"

做好之后，鲨鱼先生把这两件东西放到店里，不一会儿，花环和窗帘就被买走了，鲨鱼先生高兴极了。从此以后，店里的生意变得越来越好。于是，鲨鱼先生在星期天叫上全家人和自己的好友，一起去饭店吃大餐。吃饭的时候，鲨鱼先生说："我的生意多亏了我的儿子和他妈妈帮忙。"说完，鲨鱼先生脸上露出了满意的笑容。

评语：陈佳瑞同学，你写的《鲨鱼先生的海带》故事很温暖呢！把鲨鱼一家遇到困难时一起解决的过程写得很清楚。要是在描写鲨鱼先生着急的时候，能多写一些他的动作和表情，比如他皱着眉头、不停地叹气等，这样就更能让大家感受到他当时的心情啦。继续加油，老师相信你会越来越棒！

布雷格的龙卷风（续写）

佟安琪（泰安市岱岳区山口镇中心小学2019级2班）

森林里的小动物们和农场里的小动物们，约定好了明年丰收季节再过来帮忙。农场里的小兔子布瑞和他的妻子布莱特又生了一只兔宝宝。利波觉得自从有了兔宝宝，爸爸妈妈就不怎么爱他了。

有一天，他趁着傍晚跑去了森林。他的父母非常担心，发动农场里的所有动物一起出去找。大家东找找、西找找，最后奶牛发现利波正躺在大树底下睡觉呢！大伙都松了一口气。利波醒了，不好意思地低下了头，说以后不会再这样了。

到了第二年丰收的季节，森林里的小动物们都来了。瞧，农场里多热闹啊！有的小动物在摘苹果，有的在摘山楂，有的在挖地瓜，有的在打红枣……厨师小猪说：“咱们明天去野餐吧？我要为大家准备可口的美食。”

到了第二天，动物们都来到了野餐地点。猫头鹰奶奶和山羊奶奶正在讨论美食是怎么做出来的，野猪正在泥地里打滚，兔子们在玩捉迷藏……厨师小猪把食物摆好了，喊大家快来一起品尝。大家对小猪做的食物都赞不绝口，吃得非常开心。

多么美好的一天呀！

评语：佟安琪同学，你写的这个故事好温馨呀！把小动物们之间的故事讲得很生动，像利波离家出走又被找到，还有丰收时大家一起劳作、野餐的场景，都让老师眼前一亮。不过呢，要是在描写小动物们干活和野餐的时候，能再多写一些它们的动作和对话，比如摘苹果时小兔子说了什么，野餐时谁的反应最有趣，这样故事就会更加精彩啦。老师相信你下次能写得更棒！

第二章

从激发热情到创意表达

以童话助力中年级学生跨越写作之阶

在研读语文新课标时，我越发深刻地认识到，这套课程标准十分注重在真实情境下语言、文字的学习与运用。因此，在抓好语文课堂教学的同时，开展丰富且必要的语文综合实践活动至关重要。回顾过去执教三年级的经历，我深切体会到营造读写结合的班级文化意义非凡。为此，我在班级里开展了两个“草根”语文教学实验：“三个一”和“读童话，讲童话，写童话”。今天，我们结合这两个实验，与大家一同回顾第二学段中与写作相关的课程目标，并分享我的感悟。

第二学段（3～4 年级）写作的相关教学目标如下：

【表达与交流】

1. 乐于通过口头、书面等方式与人交流沟通，愿意分享自己的想法，不断增强表达的自信心。（旨在进一步激发和保持交流分享的兴趣，着重培养表达的自信心。）

2. 能用普通话进行交谈，学会认真倾听，在听人说话时能准确把握主要内容，并能简要转述。遇到不理解的地方，懂得向他人请教；针对不同意见，能够与人友好商讨。（这是对口语表达能力的练习与提升要求。）

3. 能够清楚明白地讲述自己的所见所闻，清晰地表达出自己的感受和想法。讲述故事时，力求做到具体、生动。能积极主动地参与日常生活中的文化活动，根据不同场合，灵活运用合适的音量和语气与他人交流，做到礼貌地请教和回应。（进一步提升口语表达能力。）

4. 学会观察周围世界，不拘形式，写下自己的见闻、感受和想象。写作时，要把自己觉得新奇有趣、印象深刻或是最受感动的内容写清楚。能够运用便条、简短书信等进行交流。尝试在习作中运用平时积累的语言材料，尤其是那些富有新鲜感的词句。（明确了写作的具体要求。）

5. 学习修改习作中存在明显错误的词句。根据表达的需要，正确使用冒号、引号等标点符号。每学年完成课内习作十六次左右。（对写作提出了更高的要求。）

【梳理与探究】

学习组织充满趣味的语文实践活动，在活动过程中学习语文知识，学会与他人合作。结合语文学习内容，仔细观察大自然和社会现象，积极思考问题，并尝试运用书面、口头等方式，借助表格、图像、音频等多种媒介，展示自己的观察与探究成果。（强调基于互联网环境下的多种媒介表达。）

从语文教学的角度来看，第一学段是幼小衔接的重要跨越，而第二学段，特别是三年级，则是学生学习写作的又一次重大跨越。三年级的习作要求从一二年级时写几句话转变为写一篇完整的文章，这之间的跨度不容小觑。当得知自己要教三年级时，我首先想到的就是学生作文这一巨大的挑战。

依据教学经验，仅仅依靠每个学期的八篇课内习作，根本无法从根本上提升学生的写作能力。结合自身写作经验，我深知提升写作能力的关键在于多读、多写。只有广泛阅读，不断积累，再通过大量的写作练习，才能真正提高写作水平。

研读这一学段表达与交流的教学目标，我们不难发现，前两条目标聚焦口语表达，这实际上是为了帮助学生更好地从说话、写话过渡到写作，遵循先说后写、以说带写的规律，符合学生的认知和写作发展规律。

写作生活化在第三条目标中得到了充分体现。“观察周围世界，能不拘形式地写下自己的见闻、感受和想象，注意把自己觉得新奇有趣或印象最深、最受感动的内容写清楚”，这里的“不拘形式”，意味着不限制表达方式和文体，让孩子在自由的状态下写作。他们可以选择诗歌、看图写话、日记，或是连续的文本片段等形式，根据自己的喜好和实际情况进行创作。我非常认同这种理念，因为在写作的初始阶段，激发兴趣、保持热情至关重要，这种不拘形式的表达，不仅让学生乐于接受，更有利于培养他们的写作能力。

第三条目标的第一点，侧重于文学性写作的引导，如“写下自己的见闻、感受和想象”“把自己觉得新奇有趣或印象最深、最受感动的内容写清楚”“尝试在习作中运用自己平时积累的语言材料，特别是有新鲜感的词句”，这些要求虽不完全等同于文学创作，但已初步渗透了语言文字选择、写作素材剪裁等文学写作手法。而第二点，则明确提出了应用文体的写作要求，如“能用便条、简短的书信等进行交流”。

学生的写作不能完全等同于文学创作，但在写作过程中，像语言表现力的提升、素材的剪裁与详略安排、文章的谋篇布局等文学创作手法，是需要进行指导的。然而，关键并不在于单纯的方法指导，而是要让学生多读、多写。通过阅读大量经典作品，学生能从中窥得写作的“门径”，并在写作实践中自觉运用。无论是方法指导还是写作策略指点，都必须建立在大量读写的基础上，否则写作能力的培养与提升就只能是空中楼阁。

因此，我致力于将语文读写融入学生的日常生活，使其成为学生生活中不可或缺的一部分，成为一种生活方式和习惯。只有这样，语文学习的情境性、实践性和综合性才能真正得以实现。

在开始研读《义务教育语文课程标准》（简称“课程标准”）时，我就在思考，之前开展了数年的“三个一”和“读童话，讲童话，写童话”活动，是否符合课程标准的要求，是否还值得继续坚持。

通过这段时间对课程标准的深入学习，我认为在整个中小学学段，“三个一”活动（每天读书一小时、写日记一百字以上、练字一个且写三行）依然很有必要坚持下去。“读童话，讲童话，写童话”活动在小学学段也应利用语文课外时间持续开展。虽然小学阶段没有明确提出童话创作的目标，但基于读童话、讲童话后的仿写童话环节，有助于学生形成语言的正向迁移。而且，第一、二学段都有关于童话阅读的目标要求，将读童话与写童话有机结合，并非刻意超标超纲，而是对小学生写作练习的有益补充。

在组织学生写童话之前，我鼓励他们不拘形式、不限内容，自由创作。学生既可以选择简单复述童话故事情节进行仿写，也可以对情节稍做调整和改动，还可以根据听过的童话展开自己的创作。这样一来，每个同学都能找到适合自己的写作起点，根据自身基础，努力创作出属于自己的作品。

需要强调的是，注重语文课外的写作实践，并不意味着忽视单元习作。在给予学生自由表达空间的基础上，能让他们在单元习作中拥有更丰富的写作思路和更强的写作表现力。这样先“放”再“收”，让学生在自由表达中充分体验写作的乐趣，才能在相对固定的主题下，写出令人满意的作品。

正是基于以上思考，我在班级里倡导“三个一”活动，全班有一半以上的同学坚持了一整年。最终结果显示，这些同学的语文素养和读写能力明显优于其他同学。在第二学期期末，我们将在“读童话，讲童话，写童话”活动中比较成熟的作品进行集中整理，编辑成十余本班级书，作为礼物送给全班同学，并指导他们“出版”自己的著作。

新的学期，在深入学习课程标准后，我更加坚定了“多读”“多写”的语文教学理念。未来，我将根据新学年所教班级的实际情况，开展更具针对性的语文读写实践活动，作为语文课堂教学的有益补充，切实提升全体学生的语文核心素养。

从激发热情到创意表达

在教育教学的旅程中，时常会遇到一些令人惊喜的小插曲，而这些小插曲往往又成为推动教学前进的动力。有天早上刚打开手机，两位家长发来的信息，就给了我一个大大的惊喜。

信息里说："老师，接龙里面放不下，直接发给您吧。"下面还附了一张接龙的截图，提示已超过字数限制无法进行接龙。而图片之后，是一篇长长的文字，不用细数，明显超过了两千字。看到这些，我着实吃了一惊。

回想起头一天下午，我设计好接龙后就发到了班级群里，当时真没想到会出现这种情况。其实仔细想想，这也并非毫无预兆。就在不久前的第二篇童话接龙时，徐梦圆的爸爸就给我发来了一大段文字，并留言说："佟老师，接龙里只能发两千字以下的文章，我把孩子的文章修改了一下，还是超过了字数限制，那就直接发给您吧。"当时，徐梦圆是第一个写出两千字以上童话作品的同学，没想到这么快，张娜瑜和赵荣斌也在同一节课后，几乎同一时刻，给我发来了两千字以上的文章，真的是太令人欣喜了。

孩子们升入四年级后，童话写作进入了一个新的阶段，我把它称作"井喷期"。为什么这么说呢？三年级时，童话写作处于启蒙阶段。当时，我并不知晓校长不分班的安排，所以在教学时毫无保留，将自己积累的童话教学方法一股脑都使了出来。在我的努力下，同学们的写作兴趣被充分激发，热情持续高涨，作品质量也随之提升。

那时，我讲了近二百个童话，由于原本没打算继续教他们，所以讲的时候比较随性，都是上课后现挑现讲，没有做系统的规划。可到了四年级，问题就来了，那么多童话，很难找到没讲过的。而且，有些童话刚开了个头，同学们的反应却不一样，有的喊讲过了，有的又说没讲过，这让我有些不知所措。

不过，“车到山前必有路，船到桥头自然直”。一次机缘巧合，我参加了张秋生童话集编写的活动，接触到他的童话后，我顿时眼前一亮。他的童话语言清新雅致、富有诗意，情节设计精巧有趣，还充满生活气息，特别适合作为初学童话写作的启蒙素材。

我手头正好有好几本他的作品集，于是决定给同学们读一读。但抱着一本书干巴巴地读，似乎有些单调。没关系，我决定“加点料”。在读的过程中，我不仅配上夸张的动作和表情，语言也变得十分夸张。为了吸引同学们的注意力，我还把一部分同学编进童话故事里。比如读到“小兔子白白正走着，遇见了灰灰”时，我会念成“遇见了（班里同学的名字）”。仅仅加上一个同学的名字，就成功勾起了同学们听故事、参与到故事中的热情，大家都争着要进入故事，我便随机挑选，这更是让同学们兴致高涨。

解决了讲故事的问题，那写故事呢？三年级时，我采用了仿写、续写、小组接力写、画漫画编故事等多种形式。但这些方法用了一段时间后，同学们的新鲜感过了，写故事的热情就有所下降。毕竟之前的教学策略都已“过时”，现在只能另寻他法。

怎样才能再次激发同学们写故事的热情呢？我从日常教学中获得了灵感，采用限时竞赛的方式。平时，我们的练习常以限时竞赛或小组挑战的形式进行，效果很好。这次把这种形式运用到写童话中，没想到也收获了意想不到的效果。

上课后，我给同学们发一张作文纸，规定老师说开始了才能写。为了让大家有内容可写，将班级分成六个学习组，分别抽取了本组的题目。没错，一个组一个题目，六七个同学写同一个题目，这样大大激发了同学们争强好胜的劲头和参与热情。

题目由组长抽取，在小组内传阅之后，各自写在稿纸上。我一声令下，同学们立刻伏案奋笔疾书，几乎无一个人发呆或抓耳挠腮不知如何下笔。这六个题目是我精心设计的，保证同学们看到后有内容可写，还能写得有趣。在这个过程中，我也在给他们渗透一个写作的小秘诀：文章想要写得好，首先要有好的创意，而题目最能体现创意，有了好题目，就更有希望写出好文章。

一节课下来，好多同学要了四五张稿纸还没写完，没办法，只能回家接着写。后来我得知，有的同学写了七张稿纸，真是太了不起了！

上次的限时竞赛效果显著，这次又该如何激发同学们的写作热情呢？我想到了第二个写童话的诀窍——给文章中的人物起个好名字。像“张三、李四、王五”这样的名字，显然不适合出现在童话里。比如我说“黑熊张三”，大家一下子就哄堂大笑起来。我故作镇定地说：“你看，我说不合适吧。”

为了让同学们明白好名字的重要性，我给大家读了一篇张秋生的童话，分析道：“小松鼠银银和灰灰，是一对双胞胎。看，作者根据松鼠的颜色来起名，而且用叠字更能显现出它们的可爱。”我继续解释，起名字可不简单，要结合人物的形象、性格以及故事设定等方面来确定，童话里的人物大多很可爱，自然要起一个可爱的名字，当然大反派除外。同学们听了，都连连点头。

在故事时间，我给大家讲了八个故事，并提醒大家关注人物的名字，领悟起名的方法和规则。

八个故事讲完，又到了写童话的环节。为了持续激发他们的写作热情，我得想个新的方式。回忆起刚才讲的故事里都有小动物，我灵机一动，让大家根据自己的生肖来创作一个童话。考虑到有的同学可能觉得自己的生肖不好写，我补充道，也可以用爸爸、妈妈或其他家人的生肖来写，要是把一家人的生肖都用上来写一篇童话，就更有意思了。如果生肖的动物不够用，还可以让其他动物来客串，不过主角必须是自己或家人的生肖。

我一提出这个要求，班里瞬间就热闹起来。同学们热情高涨，摩拳擦掌，跃跃欲试。我给大家准备了充足的草稿纸，先一人发一张，不够再来拿，无限量供应。这时，下课铃响了，我宣布下节课大家一起进行创作。

果不其然，一节课的时间里，很多同学虽然竭尽全力地写，还是没能完成自己的故事。晚上大家整理电子稿时发现，竟然已经超过了接龙的字数限制。

或许有人会笑我总以字数来衡量同学们的写作成果，其实我的想法很简单，先让同学们学会把文章写长，充分表达自己的想法，之后再学习如何写短，好好打磨文字。不知道我的这个想法对不对，但我想尝试一下。

巧妙续写故事:《花格子大象艾玛》童话创意读写教学案例

（适用三年级）

一、设计理念

三年级的孩子正处于想象力飞速发展的阶段，对世界充满好奇，《花格子大象艾玛》童话创意读写课程，正是为了契合他们的成长需求而设计的。

在知识的传授上，不进行枯燥的说教，而是通过有趣的故事和活动，让孩子们轻松掌握童话续写的方法，明白“问题—解决—新发现”的故事发展模式，从而掌握讲故事的神奇魔法。

考虑到三年级学生已经开始有自己独特的想法，课程着重培养他们的思考能力。引导学生依据故事角色的特点构思情节，巧用色彩含义进行创意表达，把脑海中的奇思妙想转化为生动文字，锻炼写作与表达能力。

在情感塑造方面，这个年龄段的孩子逐渐融入集体，通过对艾玛故事的探讨，让他们体会个人与集体和谐共处的美好，培养尊重差异的包容心，明白与众不同是值得骄傲的。

在教学过程中，采用播放动画、制作道具、开展游戏等丰富多样的形式，让课堂充满趣味，符合三年级孩子活泼好动、注意力易分散的特点，力求让他们在玩中学、学中玩，快乐成长。

二、教学目标

（一）知识目标：学会童话续写的基本方法，理解“问题—解决—新发现”这种故事发展的模式，知道讲故事有一套特定的小窍门。

（二）能力目标：帮助学生根据故事里角色的特点，设计出合理的情节。并且巧妙地运用色彩所代表的含义，进行有创意的表达，把自己心中的奇思妙想通过文字展现出来。

（三）情感目标：引导学生体会个人与集体和谐相处的美好，培养他们尊重每个人之间差异的包容心，让大家知道与众不同也没关系。

三、教学准备

（一）准备好绘本动画《花格子大象艾玛》，方便在课堂上播放，让孩子们更加直观地感受故事。

（二）制作渐变色卡，最好用一些带有特殊肌理的纸张，增加色卡的趣味性。这些色卡可以帮助孩子们理解不同颜色所代表的不同情绪。

（三）制作一个故事接龙转盘，在转盘上设置地点、新角色、突发事件这些选项。孩子们转动转盘，就能确定续写故事的一些关键要素。

（四）准备好多张大象轮廓图，再配上炫彩棒等绘画工具，让孩子们一边构思故事，一边通过画画来表达自己的想法。

（五）设计学习单，学习单上要有故事山形图，帮助孩子们梳理故事结构；还要有色彩情绪对照表，方便孩子们了解不同颜色和情绪之间的联系。

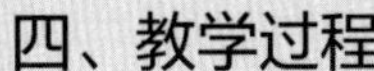

四、教学过程

（一）色彩唤醒，初识“特别”

1. 一上课，先和孩子们玩个有趣的视觉游戏。拿出一张画着灰色象群的图，让孩子们在里面找一找与众不同的大象艾玛。

2. 引导孩子们思考：

假如你是花格子大象艾玛，你希望自己变成什么颜色呢？

鼓励孩子们大胆说出自己的想法，激发他们的想象力。

3. 教师和孩子们共情，一起进行讨论。

用一个像温度计的图标，让孩子们给自己“特别想要”和“特别害怕”的心情打分，测量一下这种心情的强烈程度。

（二）共读绘本，解构故事

1. 采用动态阅读的方式，分节阅读绘本，分别是“普通日”“涂灰行动”“暴雨奇迹”，让孩子们跟着艾玛一起经历故事的发展。

2. 引导学生关注故事中的三个转折点：

（1）艾玛的烦恼：因为自己彩色的身体，在灰象群里显得格格不入，让孩子们体会艾玛的孤独和困惑。

（2）艾玛的改变：艾玛用浆果汁把自己伪装成灰色大象，思考他这么做的原因。

（3）群体的改变：一场暴雨洗净了艾玛的伪装，象群看到真实的艾玛后，开启了一场狂欢，让孩子们感受象群态度的转变。

3. 教师板书“彩虹故事桥”：特殊→隐藏→重现→接纳。

（三）创意启航，续写导航

1. 培育故事种子

如果艾玛遇到了其他彩色动物，会发生什么奇妙的事情呢？

要是象群里出现了第二只彩色小象，故事又会怎么发展呢？

再大胆想象一下，如果彩色会传染，整个世界会变成什么样？

…………

引导学生以小组为单位畅谈自己的想法。

2. 续写工具箱

（1）时空魔方：可以设定不同的时间和地点，比如雨季结束后的清晨，或者是百年后的象群，让故事有不一样的背景。

（2）角色魔杖：加入像彩虹鸟、变色龙画家、失色的孔雀等有趣的新角色，给故事增添更多的可能性。

（3）事件骰子：增加色彩大赛、褪色危机、颜色交换机这些突发事件，让故事充满惊喜和挑战。

（四）集体编织，彩练当空

1. 故事接龙游戏

学生转动故事转盘，随机确定续写故事的要素。比如转出“雨季过后 + 彩色蒲公英 + 颜色消失事件”这样的组合。

2. 师生共建“彩虹阶梯”，一步步构思故事

第一阶：艾玛发现雨后的彩色蒲公英田变成了灰色，引出问题。

第二阶：引导学生思考，艾玛会跟随谁去寻找丢失的颜色，启动故事……

第三阶：想一想艾玛会怎么做？（在谁的帮助下，不断克服困难……）推动故事情节的发展。

结局：引导学生自己去想象一个精彩的结尾。

对于那些想出特别好的点子的学生，老师要及时给予奖励，颁发“彩虹使者”贴纸。

（五）个性创作，妙笔生花

1. 创作工作坊

（1）色彩实验室：让孩子们根据情绪色卡来设计新角色。比如橙色代表快乐，可以设计一个总是开心、快乐的角色；蓝色象征忧郁，就设计一个有些小烦恼的角色。

（2）情节设计室：指导孩子们用“虽然……但是……”的句式来构建故事冲突。比如“虽然彩色很美，但是彩色让艾玛在象群里遇到了很多麻烦”，让故事更有吸引力。

（3）结尾花房：鼓励孩子们种植三种不同类型的结尾种子，也就是想出三种不一样的结尾，锻炼他们的发散思维能力。

2. 写作锦囊

（1）一定要保留艾玛善良、好奇的性格特点，这样才能和原故事里的艾玛保持一致。

（2）在故事里添加 1~2 个有特色的新角色，让故事更加丰富。

（3）故事里至少要有一次色彩变化，突出色彩在故事中的重要作用。

3. 在孩子们创作的时候，播放《森林色彩协奏曲》，营造轻松、充满创意的氛围。

（六）彩虹剧场，绽放异彩

1. 立体展示

把孩子们的作品粘贴在一个巨型大象模板上，形成一个漂亮的“故事花毯”，将大家的作品都展示出来，让孩子们成就感满满。

2. 互动评价

（1）互相找一找，谁写的故事里有“艾玛式幽默”，也就是原故事里那样有趣的情节和对话。

（2）投票选出“最意想不到的色彩魔法”，看看谁的故事里对色彩的运用最有创意。

3. 制定颁发“七彩故事家”勋章的标准

（1）角色有温度：故事里的角色让人感觉很真实、很可爱，好像能感受到他们的情感。

（2）情节有亮点：故事的情节很吸引人，有让人眼前一亮的地方。

（3）结尾有余韵：故事的结尾让人读完还想再思考一番，回味无穷。

（七）拓展延伸

（根据学情，适当选择）

1. 主题阅读：推荐阅读《爱花的牛》《自己的颜色》这两本书，它们和《花格子大象艾玛》主题相似，可以让孩子们进一步感受个人与集体的关系。

2. 艺术创想：举办一场“特别之美”班级画展，让孩子们把自己心中认为特别的东西画出来，展示自己对“特别”的理解。

3. 实践活动：让孩子们去采访身边那些有特别之处的人，比如有独特爱好的同学、有特殊技能的邻居，然后把采访的内容整理成《平凡星光集》，引导他们学会发现身边人的闪光点。

五、教学评一体

（一）过程性评价

在上课过程中，老师要认真观察每个学生在集体创编时的表现，鼓励他们积极地参与讨论和创作。

（二）作品三维评价

1. 角色契合度（30%）：故事里的角色和原故事角色的特点是不是相符，新角色的设计是不是合理。

2. 创意新颖度（40%）：评价故事的情节、色彩运用等方面有没有创意，是不是让人觉得新奇。

3. 情感传达力（30%）：感受故事里传达出来的情感，是不是能打动人，有没有让读者体会到个人与集体的关系。

拼贴诗创作:《田鼠阿佛》童话读写教学案例

（适用三年级）

一、设计理念

《田鼠阿佛》讲述了与众不同的田鼠阿佛收集“阳光、颜色和词语”，在寒冬给小伙伴们带来温暖、慰藉的故事，蕴含着丰富的精神内涵。

三年级学生正处于形象思维向抽象思维过渡的阶段，对世界充满好奇，想象力丰富，经历了一二年级的学习积累，他们所积累的词汇进一步丰富，表达力也显著增强。本次教学以绘本《田鼠阿佛》为依托，选择“感官银行”和“拼贴诗创作”作为童话读写的突破点，引导学生通过建立“描写模板”记录独特的生活感受，锻炼观察力和表达力；在拼贴诗创作中激发想象力与创造力，体会诗歌的乐趣，感受创作的魅力，进而提升语文核心素养。

二、教学目标

（一）语言表达

1. 学生借助《我的彩虹记忆储蓄罐》描写模板，运用多种感官进行描写，生动、具体地描述生活中的美好记忆，提升语言表达的丰富性和准确性。

2. 学生能够运用杂志剪贴和手写诗句的方式，创作主题明确、富有诗意的拼贴诗卡，增强书面表达能力和诗歌创作技巧。

（二）思维发展

1. 在建立描写模板和创作拼贴诗的过程中，培养学生的想象力、联想能力和创新思维。

2. 通过对故事中物质与精神内容的思考，提升逻辑思维能力，引导学生辩证地看待物质和精神的关系。

3. 在拼贴诗卡的制作过程中，提高学生的动手操作能力和审美能力，学会将文字与图像巧妙地结合起来。

（三）情感体验

1. 引导学生感受《田鼠阿佛》中阿佛对精神世界的追求，培养学生关注内心感受、热爱生活的积极情感。

2. 学生在创作活动中，获得成就感，增强对语文学习和艺术创作的兴趣。

三、教学重难点

（一）教学重点

1. 指导学生运用多种感官，完成《我的彩虹记忆储蓄罐》描写模板的填写，积累丰富的写作素材。

2. 引导学生掌握拼贴诗的创作方法，能够围绕主题创作出内容具体生动、形式新颖的拼贴诗卡。

（二）教学难点

1. 让学生在描写中深入运用感官体验，细腻地表达内心的感受，避免描写流于表面。

2. 帮助学生在拼贴诗创作中，实现杂志剪贴元素与手写诗句的自然融合，使诗歌具有独特的意境和强烈的表现力。

四、教学准备

硬卡纸，搜集创作素材：从杂志、旧报纸上剪下与主题相关的图片和文字，也可从网络上搜集打印，可以是一个词、一句话或一幅别致的小画。

五、教学过程

（一）情境导入：奇妙的收藏

1. 教师手持一个精美的储蓄罐走进教室。

“同学们，今天老师带来了一个特别的储蓄罐，可以不用它来存钱，只储存美好的记忆。你们有没有什么难忘的记忆，要放进这个储蓄罐里呢？”

学生自由发言，分享自己的美好回忆。教师用夸张的表情和语气回应学生的分享，营造轻松愉快的课堂氛围。

2. 展示绘本《田鼠阿佛》的封面。

教师：“今天我们要认识一群可爱的小田鼠，它们正在为过冬做准备。不过，有一只叫阿佛的田鼠，它的收藏可不一样哟！让我们一起来听听它的故事吧！”

（二）共读绘本：发现阿佛的“宝藏”

1. 共读绘本

教师朗读时用不同的声音和语调表现不同田鼠的特点，比如阿佛的温柔、其他田鼠的活泼等；还可以配合简单的动作，模仿田鼠收集食物的样子，让故事更加生动有趣，激发同学们听故事的兴趣。

2. 互动提问

教师读完绘本后，在黑板上画出（或 ppt 展示）田鼠阿佛和他的小伙伴们，提问：“大家都在收集什么？阿佛在收集什么呢？”

引导学生回忆并回答，比如其他田鼠在收集坚果、稻谷等食物，阿佛在收集阳光、颜色和词语。

3. 说来听听

教师：“阿佛收集的这些东西有什么用呢？没有食物，只靠这些能过冬吗？”

组织学生展开自由讨论。

（三）方法指导：建立感官描写模板

教师：“同学们，阿佛用独特的方式收集了很多宝贵的东西。我们也可以像阿佛一样，把生活中的美好记忆收集起来，放进我们的‘彩虹记忆储蓄罐’里。今天，我们就来学习怎么用多种感官来记录这些记忆。”

课件出示储蓄罐的简笔画，并提示学生从“看一看”“听一听”“闻一闻”“尝一尝”“摸一摸”等方面分享自己的美好记忆。

教师鼓励学生大胆发言，分享记忆中的感官体验，教师将学生的想法写在黑板上，为学生进一步的创作提供思路。

（创作实践一和二，可任选其中之一）

（四）创作实践一：填写《我的彩虹记忆储蓄罐》

1. 教师：“同学们，阿佛收集了那么多美好的东西分享给小伙伴，我们也可以用笔把自己的美好记忆记录下来。让我们一起来写一写‘我的彩虹记忆’吧！”

2. 学生拿出纸和笔，选择自己印象深刻的一段记忆，按照《我的彩虹记忆储蓄罐》描写模板进行填写，运用多种感官详细描述。

教师在教室里巡回指导，帮助学生解决遇到的问题。对于不知道如何从感官角度描写的学生，引导他们回忆当时的场景，具体说说看到了什么、听到了什么、闻到了什么等；对于描写比较简单的学生，鼓励他们增加细节，让语句更加生动。

（五）创作实践二：拼贴诗创作

1. 教师展示拼贴诗作品

“同学们，除了用自己的文字收藏美好，分享美好，我们还可以用一种特别的方式——拼贴诗来表达。大家看，这些诗是用杂志上的图片和文字，再加上自己的诗句组合而成的，是不是很有趣？让我们也来试试吧！”

2. 讲解创作步骤

（1）确定主题：选择一个自己感兴趣的主题，比如春天、动物、梦想等。

（2）排版设计：将课前搜集的素材在硬卡纸上进行排列组合，看看怎样摆放更有创意，更能表达自己的想法。

（3）添加诗句：根据素材的内容和排列组合情况，自己动手写一些诗句，补充到素材中，让整首诗更完整、更有诗意，还可绘制图案进行装饰。

（六）展示分享：记忆与诗意的舞台

1. 作品展示

邀请学生上台展示自己的作品。学生可先分享《我的彩虹记忆储蓄罐》的内容，让大家感受记忆中的美好；然后朗读拼贴诗；还可以分享自己的创作思路和灵感来源。

2. 互动评价

展示结束后，教师引导学生进行评价，鼓励学生从描写的生动性、感官运用的合理性、拼贴诗的创意和诗意等方面进行评价，培养学生的倾听、思考和表达的能力。

教师对学生的作品进行总结评价，肯定学生的努力和创意，表扬描写细腻、拼贴诗精彩的学生，给他们奖励小贴纸或小书签。同时，针对学生作品中存在的问题提出改进建议，比如描写时可以再增加一些情感表达，拼贴诗的排版可以更美观等。

（七）课后延伸：创意拓展与生活应用

（可让学生自由选择）

1. 美好收藏

（1）学生回家后，选择一篇自己喜欢的课文，用拼贴诗的形式再创作，既可以复习课文，又可以体验创作的乐趣。

（2）鼓励学生继续收集生活中的美好，不断积累并丰富自己的“彩虹记忆”，还可将此作为一项长期的家庭分享活动。

（八）成果展示：美好分享会

组织一次“课文拼贴诗展览”和“彩虹记忆分享会”，展示学生的课文拼贴诗作品，让学生分享新收集的美好记忆。评选“最佳创意拼贴诗奖”“最美好记忆奖”等，激发学生的学习兴趣和创造力。

六、板书设计

彩虹记忆　拼贴诗

1. 感官描写模板：“看一看”“听一听”“闻一闻”“尝一尝”“摸一摸”……

2. 拼贴诗步骤：确定主题—收集素材—排版设计—添加诗句

3. 示例展示：海边记忆描写；春天主题拼贴诗

七、教学评一体

（一）过程性评价

1. 在课堂讨论环节，注意观察全体学生参与讨论的积极性，学生是否能主动发表自己的想法，与小组成员合作是否融洽，合作效果是否有效。

2. 在创作过程中，关注学生填写《我的彩虹记忆储蓄罐》时，对感官描写的运用情况以及制作拼贴诗的创意精彩程度。

3. 展示分享环节，评价学生的表达是否清晰、流畅，能否认真倾听他人的分享并给予合理的评价。

（二）成果性评价

1. 从《我的彩虹记忆储蓄罐》的描写和拼贴诗卡的创作两个方面对学生的作品进行评价。《我的彩虹记忆储蓄罐》主要关注感官描写是否丰富、细腻，能否生动地展现记忆中的场景和感受；评价拼贴诗卡主要关注主题是否明确，素材与诗句的融合是否自然，整体是否具有创意和诗意。

2. 根据学生课后的课文拼贴诗作品质量和记忆收集情况进行评价，综合考量学生的学习成果和知识迁移能力。

打破常规，大胆创新:《谁要一只便宜的犀牛》童话读写教学案例

（适用四年级）

一、设计理念

在奇妙的童话世界里，谢尔·希尔弗斯坦创作的《谁要一只便宜的犀牛》，就像一把神奇的钥匙，打开了一扇与众不同的大门。它以别出心裁的视角和天马行空的想象打破了常规的思维模式，为我们展现出了一个充满无限可能的童话世界。

四年级的学生对周围所有新鲜有趣的事物都充满了探索的欲望，他们的眼睛里总是闪烁着好奇。此时，如果给予他们一次角度新颖的思考机会，在他们的头脑中会刮起怎样的思维风暴呢?

本次童话读写以《谁要一只便宜的犀牛》为依托，借助富有趣味的任务和丰富多彩的活动，引导学生突破常规，以创新思维拓展他们对世界的理解，激发学生的想象力与创造力，提升表达力和故事写作力，让他们在充满趣味的学习过程中，感受童话的魅力，提升创作的兴趣和热情。

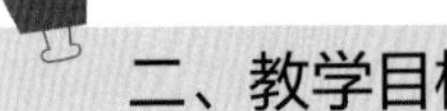

二、教学目标

（一）语言表达

1. 指导学生能运用逆向思维，以幽默且富有想象力的语言撰写推销文案，如完成《推销一只捣蛋鬼》文案，以提升语言的趣味性和独特性。

2. 通过描述《课桌的100种隐藏魔法》和创作《午夜文具盒的狂欢派对》故事，激发他们的创作热情，锻炼语言的逻辑性和连贯性，提高书面表达能力，学会以创新思维来创作故事。

（二）思维发展

1. 指导学生在完成各项创作任务的过程中，培养创新思维和联想能力，学会从不同的角度思考问题。

2. 引领学生创编故事，梳理故事结构，尝试打破常规，提升逻辑思维能力，构建完整的故事框架。

（三）情感体验

1. 引导学生感受童话创作带来的乐趣，培养对语文学习和创意写作的浓厚兴趣，增强自信心。

2. 让学生在小组合作和作品分享中，体验合作学习的快乐，培养团队协作精神，激发分享热情。

三、教学重难点

（一）教学重点

1. 引导学生掌握逆向思维方法，完成富有创意的推销文案撰写，如《推销一只捣蛋鬼》。

2. 帮助学生打开思路，进行大胆的功能联想，详细描述课桌的隐藏魔法，如《课桌的100种隐藏魔法》。

3. 指导学生围绕特定情境，创作出情节丰富、充满想象力的故事，如《午夜文具盒的狂欢派对》。

（二）教学难点

1. 学生在运用逆向思维创作时，要把握好幽默与合理性的平衡，避免内容过于荒诞或难以理解。

2. 在功能联想和创编故事时，鼓励学生突破常规思维的限制，创作出新颖独特的内容，同时确保作品的逻辑性和可读性。

四、教学准备

（一）《谁要一只便宜的犀牛》绘本电子版或实体书，用于课堂展示和阅读。

（二）准备“魔法宝箱”“放大镜”“魔法棒”“魔法话筒”“故事地图”“点赞贴纸”“魔法星星贴纸”“笑脸评分卡”等道具，增强课堂的趣味性和互动性。

（三）准备“魔法创作手册”（任务单）、彩色笔、画纸、便利贴、杂志（用于拼贴诗创作，若选择此形式）等创作工具。

五、教学过程

（一）魔法绘本秀

1. 教师戴着犀牛头饰，手持绘本，走进教室，以充满激情的语气开场：“小朋友们！今天老师带来了一个超级大惊喜，看，这是什么？”

2. 展示绘本封面。教师：“这里面藏着一只神奇的犀牛，它呀，只要三块钱，还能做很多意想不到的事！”

3. 教师模仿绘本角色的语气，绘声绘色地朗读精彩片段：

“哎呀！这只犀牛只要三块钱！它能帮你开汽水瓶、当台灯，甚至陪你写作业！”

在朗读的过程中，配合夸张的动作，比如模仿犀牛用角开汽水瓶、把身体当台灯等，充分吸引学生的注意力，让学生沉浸在有趣的故事氛围中，引发他们的好奇心和探索欲。

4. 朗读结束后，教师提问：“小朋友们，如果你们是这只神奇的犀牛，会帮主人做什么更奇怪、更好玩的事呢？”

鼓励学生积极发言，大胆想象，并用板书记录学生的奇思妙想，形成“神奇功能清单”，为后续的创作活动做准备。

（二）童话任务站

1.“魔法宝箱”

“小朋友们，每个宝箱里都藏着一个超有趣的童话创作任务，就像藏着神秘的宝藏一样！现在，我们请几位勇敢的小代表来抽取任务，看看能开启怎样的奇妙创作之旅呢？”

邀请学生代表上台抽取任务。

2.“任务放大镜”

学生抽取任务后，教师拿出“放大镜”道具，对着任务卡片仔细“研究”，然后向大家解读任务：“瞧，这个任务是《推销一只捣蛋鬼》，大家可别小看这个捣蛋鬼，在童话世界里，他做的那些调皮事儿都能带来好处呢！比如捣蛋鬼偷偷吃掉作业，好处就是再也不用写作业啦！当然，这可是在童话世界里哟，大家可以尽情发挥想象！”

教师以同样的方式解读其他任务，如《课桌的 100 种隐藏魔法》《午夜文具盒的狂欢派对》等，让学生充分理解任务的要求和创作方向。

3. “魔法创作手册”

学生根据自己抽到的任务自由组队。教师为每个小组发放“魔法创作手册”（任务单），并组织小组讨论，设计独特的小队名称和响亮的口号，营造团队合作的氛围，激发学生的创作热情。

（三）创新思维训练营

（以下三个活动，可根据学情选择其中一或两个）

活动1：推销一只捣蛋鬼

1. “优点气泡图”

教师：“小朋友们，我们来玩个有趣的游戏，把捣蛋鬼做的坏事变成好事。比如，捣蛋鬼把教室涂成彩色，在童话世界里，这可是大有好处的——每天上学都在彩虹城堡里，多美妙呀！”

鼓励学生积极发言，分享自己的想法，教师用“优点气泡图”将学生的创意汇总，引导学生逐步掌握逆向思维的方法。

2. “广告大师课”

教师扮演“广告导演”，开启“广告大师课”：“现在，老师来教大家怎么像广告大师一样推销捣蛋鬼。听好了，快来买这只捣蛋鬼！他能把作业变消失，妈妈再也不用担心你熬夜啦！（不过这仅限在童话世界使用哟！）”用幽默风趣的语言和夸张的表演方式，让学生感受幽默推销词的魅力，激发学生的创作灵感。

3. 学生独立撰写《推销一只捣蛋鬼》，教师在教室里巡回指导，鼓励学生大胆想象，语言表达要幽默、有趣。

4. 完成广告词后，小组内进行评选，选出“金牌广告词”。获胜者拿着“魔法话筒”（卷纸筒）上台展示表演，其他学生以“笑声指数”为标准进行打分，评选出最具创意和幽默感的作品，增强学生的竞争意识和展示欲望。

活动2：课桌实验室

1. 魔法放大镜（纸质道具）

“小朋友们，现在我们都是观察力超强的小侦探，要用手中的放大镜仔细观察我们的课桌，看看它有没有什么隐藏的秘密！桌角像什么？桌肚又像什么呢？把你们的发现记录下来。”

引导学生认真观察课桌的细节，并展开丰富的想象。

2. 魔法分类赛

教师在黑板（课件）划分“实用魔法”和“奇幻魔法”两栏，开展“魔法分类赛”。

“大家把想到的课桌魔法写在便利贴上，然后贴到对应的栏目里。比如‘课桌变成雨伞’，能在下雨时保护我们，这是实用魔法，就贴在实用栏；‘课桌发射彩虹光波’，充满奇幻色彩，应贴在奇幻栏。”

在分类过程中，引导学生进一步发散思维，进行“头脑风暴”。

3. 魔法说明书

指导学生设计图文并茂的“课桌魔法说明书”。

教师：“按下红色按钮，课桌变身时空机，带你去恐龙时代探险！按下绿色按钮，课桌即可释放清新空气，立刻让我们的头脑变得清醒……”

鼓励学生发挥创意，大胆想象，为自己设计的课桌魔法配上生动的文字说明和可爱的插画，锻炼学生的动手能力和书面表达能力。

活动3：午夜文具盒奇遇记

1. 营造氛围

教师播放午夜音效，营造神秘的氛围。

“小朋友们，闭上眼睛，想象一下，所有的灯都关了，午夜的文具盒里，变得静悄悄的。突然，那些打折商品像是被施了魔法一样，都活了过来！打折苹果会跳舞，过期面包在叹气，它们都有自己独特的性格。现在，大家用贴纸为这些商品设计‘角色卡’，给它们取个有趣的名字，想想它们的性格特点。”

引导学生发挥想象力，为创编故事奠定基础。

2.“故事接龙赛”

（1）开启“故事接龙赛”，教师先开头：“午夜钟声响起，铅笔跳出文具盒大喊——”

（2）鼓励学生依次接力，创编故事情节。

（3）教师用“故事地图”记录关键事件，帮助学生梳理故事脉络，确保故事的连贯性和逻辑性。

3. 故事表演会

（1）小组利用准备好的道具，表演故事片段，如“墨水开演唱会”“尺子拯救被困的橡皮”等。

（2）表演结束后，观众用“魔法星星贴纸”投票选出最佳表演小组，增强学生的团队合作能力和表演能力，同时让学生在欣赏他人表演的过程中，获得更多的创作灵感。

（四）童话梦工厂

1. 魔法建议

组织学生交换作品，教师发放“彩虹记号笔”。

“小朋友们，现在我们来当小评委，看看其他小伙伴的作品。用彩虹记号笔标注出你喜欢的句子，然后给作者提出‘魔法建议’，比如‘如果加上会说话的课桌，会不会更神奇？’帮助小伙伴把作品变得更加完美。”

2. 故事魔法棒

教师巡视指导，针对学生的作品，用生动的比喻启发学生：“你的故事就像一颗小种子，再浇点‘细节水’，比如描写角色的动作、表情，它就会开出更美丽的花啦！”引导学生从细节入手，优化作品内容。

3. 魔法作品

学生用彩笔、贴纸等对作品进行装饰，将其制作成“童话手卷”或“立体故事盒”，为展示环节做充分准备，提高学生的动手能力和审美能力，让作品更加丰富多彩。

（五）童话嘉年华

（根据学情和时间安排，本环节可置于课下）

1. 魔法展台

各小组将作品精心布置成“魔法展台”，如用课桌搭建“广告直播间”，展示《推销一只捣蛋鬼》文案，用纸箱制作“午夜文具盒模型”，展示《午夜文具盒的狂欢派对》故事场景等。教师引导学生发挥创意，将作品以独特的方式呈现出来，增强展示效果。

2. 点赞贴纸

为每个学生发放“童话护照”，组织学生游览各个展台。学生在自己喜欢的作品旁贴上“点赞贴纸”，并写下留言，如“你的捣蛋鬼广告让我笑破肚皮！”“这个午夜文具盒的故事太精彩啦！”让学生在欣赏他人作品的同时，学会表达自己的感受和想法，增强学生之间的交流与互动。

3. 颁奖盛典

举行“颁奖盛典”，教师颁发“童话大师奖”“金点子奖”等证书，奖品为“魔法铅笔”（贴有星星贴纸的铅笔）和谢尔·希尔弗斯坦绘本摘抄卡。对学生的优秀作品和创意给予充分的肯定和鼓励，激发学生的成就感和创作热情。

（六）童话种子库

（根据学情和时间安排，本环节可置于课下）

1. 家庭童话剧

布置家庭任务，让学生与家长合作，将作品改编成“家庭童话剧”，并录制视频分享至班级群。鼓励家长参与到学生的学习过程中，增进亲子关系，同时让学生在实践中进一步深化对作品的理解和创作能力。

2. 童话藏宝图

教师发放“童话藏宝图”，标注《爱心树》《阁楼上的光》等相关书单，鼓励学生阅读更多谢尔·希尔弗斯坦的作品以及其他优秀的童话故事，寻找“灵感宝藏”，拓宽学生的阅读视野，积累更多的创作素材。

六、板书设计

（一）主标题：童话魔法创作营

（二）任务树：用树枝简笔画连接三个任务——《推销一只捣蛋鬼》《课桌的 100 种隐藏魔法》《午夜文具盒的狂欢派对》，在树叶位置贴上学生的创意便笺，展示学生的精彩想法。

（三）关键词：想象力、幽默、合作、奇妙冒险……

七、教师魔法手册

（一）笑脸评分卡

设计“笑脸评分卡”，让学生用表情符号评价课堂趣味度与任务难度，收集学生的反馈意见，了解学生对课堂的感受和学习体验。

（二）想象力加油站

根据学生的表现和反馈，对教学进行优化。例如，针对部分学生在创作中遇到的困难，调整任务分工，增加绘画等辅助支持；为激发学生的想象力，设计“想象力加油站”，提供更多的视觉素材，如图片、视频等，不断改进教学方法和策略，提高教学质量。

童话角色创编教学案例

（适用四年级）

一、设计理念

在奇妙的语文世界里，童话宛如璀璨的明珠，以丰富的想象、独特的情节吸引着孩子们。《花格子大象艾玛》《田鼠阿佛》等经典童话，各具魅力，为孩子们打开了一扇扇通往奇幻世界的大门。四年级的学生正处在想象力与创造力飞速发展的阶段，他们对世界充满了好奇，渴望探索未知。本教学以多本曾经读过的童话为依托，借助趣味活动与创意任务，引导学生打破常规，从逆向思维、元素融合、故事创编等方面开展童话读写训练，激发学生的创新思维，提升语言表达与写作能力，让学生在趣味学习中感受童话创作的魅力，增强对语文学习的热爱。

二、教学目标

（一）知识目标

引导学生认识童话中新奇的创作元素，如独特的角色设定（像会魔法的小兔子）、幽默意外的情节转折以及开放式结局，丰富学生对童话创作的认知。

（二）能力目标

培养学生将不同童话的有趣特点融合、创作独特故事的能力，使其能运用适合自己的方式，清晰、生动地展现奇思妙想，提升写作技巧。

（三）情感目标

引导学生明白创作中的不完美之处也可能是亮点，在自由创作中体验快乐，培养对写作的兴趣，增强自信心。

三、教学重难点

（一）教学重点

1. 理解并掌握童话中的新奇创作元素，学会运用到故事中。
2. 引导学生进行多文本元素融合，创作出情节丰富、充满创意的童话。

（二）教学难点

1. 鼓励学生突破常规思维，在创作中展现独特的创意和深度思考。
2. 指导学生将创意与写作技巧相结合，提升故事的整体质量。

四、教学准备

（一）四格文本展板

1. 角色博物馆

准备立体卡片，绘制有趣的童话人物，如艾玛、田鼠阿佛、笨拙的螃蟹、方格子老虎等，标注角色特点，方便学生直观了解。

2. 情节过山车

绘制四个不同童话的经典情节分镜图，展示故事的发展脉络，帮助学生理解故事结构。

3. 创意藏宝图

手绘故事场景地图，包含森林、城堡、神秘小岛等元素，为学生提供创作场景灵感。

（二）创意催化剂

1. 故事骰子

在骰子的各个面写上不同角色、物品和地点，如“小精灵”“魔法棒”“神秘花园”，用于随机生成故事元素，启发创作。

2. 灵感泡泡贴

准备一些奇怪组合的贴纸，如“会下雨的云朵鱼”“爱跳舞的石头”，激发学生新奇的创作思路。

3. 反套路卡片

在卡片上写“但是……”“没想到……”“其实……”等词，引导学生学会设计情节上的意外转折。

（三）异形创作本

准备树叶、海浪、云朵等形状的稿纸，增加写作的趣味性。

五、教学过程

（一）奇妙见面会

1. 角色蒙面派对

老师给每位同学发一张角色卡，拿到卡片的同学通过动作和表情展现角色特点，其他同学猜。比如表演艾玛时，可以模仿它独特的花格子外貌和幽默的性格特点。在欢乐的氛围中，让学生快速熟悉角色。

2. 创意快问快答

老师提出趣味问题，如“如果艾玛遇到11只猫，它们之间会发生什么有趣的事呢？”“螃蟹的大钳子除了用来夹东西，还能变成什么呢？”鼓励学生大胆想象，积极发言，激发思维活力。

3. 揭示主题

“今天，我们都是童话世界里的小魔法师，要把不同童话中的元素重新组合，创造一个属于自己的奇妙童话世界！”

（二）文本探秘之旅

1. 分组深潜

将学生分成四组，每组领取一个文本锦囊，明确探索任务。

锦囊A（艾玛组）：阅读艾玛相关的故事，找出色彩变化的三个重要时刻，思考其对故事发展的影响。例如艾玛变色后，同伴的反应如何，故事的走向有何改变？

锦囊B（猫组）：在猫的故事里，标记“越不让做，越要去做”的情节，分析角色的行为动机及写作效果。

锦囊C（螃蟹组）：收集螃蟹将缺点转化为优势的内容，总结其转化方法和对故事发展的作用。

锦囊D（老师组）：寻找笨老师看似笨却有厉害技能的情节，思考该技能对故事发展的推动作用。

2. 创意瀑布墙

各小组将探索发现写在便利贴上，贴到教室的墙上。老师用荧光笔圈出相同点或联系，引导学生发现不同故事间的共性与关联，拓展创作思路。

（三）创意解构工坊

1. 拆解重组实验

老师提出假设，如“如果把螃蟹放到猫组里，会发生什么有趣的故事呢？”“让笨老师给大象上课，这个课会怎么上呢？”组织学生分小组讨论，鼓励大胆想象，尝试将不同的元素组合起来。

2. 提炼创意公式

师生共同总结童话创作小窍门，形成创意公式。如“非常规组合 + 意外发展 = 有趣故事”“缺点转化 + 幽默调味 = 精彩故事”“留白结局 + 读者共创 = 独特体验”……为学生创作提供方法指导。

（四）故事魔法学院

1. 跨界创作挑战：提供不同难度的创作任务包

（1）基础包：学生从四个故事中任选两个文本元素组合起来进行创作，如选猫队长和神秘小岛，写猫队长在神秘小岛上的冒险故事。

（2）进阶包：在基础包的基础上，添加一些现实生活元素，如扫地机器人、智能手表，使故事更具现代感。

（3）无限包：鼓励学生自主设计跨次元混搭，如将童话角色与动漫元素结合，或让角色穿越到古代，激发无限创意。

2. 创作支持系统：为学生准备创作小助手

（1）角色变形器：提供改造角色的指南，从性格、外貌、技能等方面启发学生进行创新，如将胆小的角色变得勇敢，赋予角色神奇的技能。

（2）情节蹦床：以“要是……会怎样？”的问题引导情节发展，如“要是猫咪突然会飞了，会怎样？”帮助学生拓展故事情节。

（3）对话调味瓶：指导学生用夸张、重复、反差等手法设计有趣的台词，如“我都等了一万年啦！”让对话更加生动。

（五）自由创想天地

1. 创意自选超市：设置不同区域，让学生自主选择创作方向

主题货架：展示“特别礼物”“秘密行动”“神奇失误”等主题，学生可选择感兴趣的主题进行创作，如围绕“特别礼物”写角色收到奇特礼物后的故事。

风格试衣间：提供搞笑风、温暖风、奇幻风等风格，学生可根据喜好进行选择，创作风格各异的故事。

结构积木：有循环式、闯关式、日记体等故事结构供学生挑选，如写闯关类故事，让角色经历重重挑战完成任务。

2. 个性化写作支架：根据学生特长提供帮助

有绘画特长的学生在分镜脚本创作区，将故事画成漫画并配文字。

有表演特长的学生在剧本对白工作台，编写剧本，重点设计角色对话。

逻辑思维强的学生按故事地图绘制指南，先规划故事脉络，再填充内容。

3. 创作 BGM

播放轻快的钢琴曲和来自大自然的声音，营造轻松愉悦的氛围，激发灵感。老师巡视指导，及时帮助学生解决问题。

（六）童话新大陆展

1. 多维展示：采用多种方式展示学生作品，增加趣味性和互动性

（1）有声故事角：学生用变声器朗读故事片段，让声音更具特色，吸引听众。

（2）动态展示墙：若条件允许，利用 AR 技术，学生扫描作品即可看到立体故事场景，增强体验感。

（3）互动投票器：组织学生投票选出“最想体验的童话新世界”，选出最受欢迎的故事。

2. 珍珠评价法：用“珍珠”比喻故事的亮点，从不同角度进行评价

（1）亮珍珠：找出最亮眼的创意点，如独特的角色或情节。

（2）彩珍珠：发现惊喜的元素组合，如奇特的角色搭配或创意组合。

（3）异形珍珠：关注独特的表达方式，如新颖的叙事手法或有趣的词句。

3. 颁发证书：给每位学生颁发“创意原石”证书，让学生明白每个作品都是有潜力的，鼓励他们坚持创作。

（七）拓展延伸

（根据学情和教学时间选择）

1. 主题延伸

（1）组织“混搭童话”广播剧社，将学生写的故事改编成广播剧，用声音演绎童话。

（2）开发“童话元素桌游”，把童话角色、情节融入游戏，让学生在玩中感受童话的魅力。

2. 阅读推荐

推荐《童话里的奇妙组合》《当经典遇见脑洞》等书，让学生阅读更多创意童话，获取灵感。

3. 生活实践

举办“寻找生活中的童话原型”摄影展，鼓励学生发现生活中的童话场景和人物，用相机记录，培养学生的观察能力和对生活的热爱。

六、教学评一体

（一）过程跟踪

准备创意火花记录单，老师在课堂上随时记录学生的思维闪光点，如独特的创意、精彩的情节转折等，每次记录 5 项，让学生看到自己的进步。

（二）作品评估

使用三维九度评价表来评价作品。

1. 创意维度：从新颖度（故事是否新奇）、融合度（元素融合是否自然）、突破度（有无突破常规的想法）来评价。

2. 表达维度：从生动度（语言是否生动）、完整度（故事是否完整）、个性度（有无个人风格）来评价。

3. 情感维度：从共鸣度（能否引发共鸣）、趣味度（故事是否有趣）、启思度（能否引发思考）来评价。

成长与勇气：电影《鹬》童话读写教学案例

（适用三年级）

一、设计理念

在丰富多彩的艺术世界里，《鹬》这部电影宛如一颗璀璨的明珠，用细腻入微的画面和暖人心扉的故事，将小鹬的成长蜕变历程娓娓道来。对于正处在好奇心爆棚、语言表达能力飞速提升关键时期的三年级学生而言，这部电影是绝佳的成长教材与创意源泉。本次教学紧紧围绕《鹬》展开，巧妙选取“微观视角”和“成长与勇气”主题作为童话读写的切入点，引领学生进入微观世界，去观察、去想象、去创作，从而培养他们别具一格的观察力与天马行空的想象力，让学生在充满欢乐与挑战的学习过程中，实现童话读写能力与综合素养的共同提升。

二、教学目标

（一）引导学生学会运用“微观视角”观察自然现象，充分激发想象力，培养独特的观察视角和创新思维能力。

（二）组织学生进行连续观察并记录，锻炼他们捕捉细节的能力，提升细节描写水平，让学生能够用生动、具体的语言描绘观察到的事物。

（三）引导学生了解“成长与勇气”这一主题，勇敢面对成长中的困难，提升学生的理解能力和创意表达能力。

三、教学准备

（一）多媒体设备

确保教室配备投影仪、电脑等设备，能正常播放视频和展示图片。提前调试好设备，保证在上课过程中不出现故障。

（二）教学素材

1. 收集并剪辑好微距视频，内容涵盖昆虫视角下的自然现象，如雨滴坠落、草叶摇曳等，时长控制在 3~5 分钟，用于情境导入环节。

2. 截取电影《鹬》中的精彩片段，尤其是小鹬初次面对海浪时的微观特写镜头，时长约 2~3 分钟。

（三）学习资料

1. 为学生准备自然侦探任务卡，上面明确观察任务、记录要求和相关提示。

2. 制作并打印三日观察表，每人一份，方便学生连续观察小蚂蚁并记录。

（四）道具准备

1. 准备放大镜若干，确保每个小组至少有一个，用于学生观察水珠折射现象，感受微观世界。

2. 准备身高比例尺，用于“身体缩小术”活动，帮助学生直观感受视角的变化。

3. 搭建“道具百宝箱”，放入会预报天气的蒲公英钟、能当潜水艇的核桃壳、储存阳光的玻璃珠等模型道具，供学生在创编故事时参考。

四、教学过程

（一）情境导入：魔法眼镜看世界

1. 微距视频体验

开始上课时，教师播放精心挑选的微距视频，视频中呈现出昆虫视角下的雨滴坠落、草叶摇曳的奇妙景象。雨滴像巨大的水球砸落，草叶如同高耸的大树随风摆动，让学生直观感受微观世界的独特魅力。

2. 电影《鹬》片段赏析

教师截取《鹬》中的精彩片段，将小鹬初次面对海浪时的微观特写镜头呈现在学生眼前。小鹬眼中那波涛汹涌的海浪，如同无法逾越的高墙，让学生聚焦微观视角下角色的感受。

3. 想象讨论会

教师引导学生展开想象："如果我们变成了蚂蚁，那平日里毫不起眼的水坑会像什么呢？"

鼓励学生大胆发言。教师适时拿出放大镜，让学生通过观察水珠的折射现象，进一步感受微观世界的奇妙，为后续创作做铺垫。

（二）水洼世界：水洼档案大揭秘

1. 五感观察训练法

教师向学生介绍五感观察法，引导学生从多个角度观察小蚂蚁。用眼睛看，关注小蚂蚁的颜色、外形以及活动情况；用耳朵听，留意小蚂蚁活动空间附近的声音，比如风声、水滴落下来的声音；可以轻轻地用手摸一摸小蚂蚁。

2. 自然侦探任务卡

为学生发放自然侦探任务卡，布置具体的观察任务。

要求学生记录小蚂蚁的活动情况。

3. 小蚂蚁日记接力赛

（1）三日观察表：教师为学生准备三日观察表

时间	天气	水位线	访客记录	我的发现
例：早晨	晴	3 厘米	小蚂蚁运输队	遇到水洼，它选择了绕行。
中午				
傍晚				

让学生连续三天观察小蚂蚁，认真记录相关信息，培养学生持续观察和记录的习惯。

（2）自然诗歌拼贴

鼓励学生剪贴观察记录中的关键词，组合成三行诗。例如“悠闲的小蚂蚁 / 在金黄的落叶上 / 给秋姑娘写信”。

（三）故事王国：小蚂蚁成长记

1. 角色代入

（1）身体缩小术

为了让学生更好地代入蚂蚁的视角，教师带领学生进行有趣的“身体缩小术”活动。用身高比例尺进行换算，让学生直观感受从人的视角到蚂蚁视角的变化，比如一米等于一百厘米，在蚂蚁的视角下，一厘米就相当于十米。

（2）生存挑战清单

教师为学生列出蚂蚁的生存挑战清单，引导学生思考：如何用花瓣当救生艇，怎样把露珠当作储水罐，设计躲避人类脚印的路线图，让学生在想象中体验蚂蚁的生存情境。

2. 情节搭建

（1）冲突制造器

教师为学生提供制造冲突的思路，帮助学生搭建故事框架。

例如设置干旱危机，引发蚂蚁争夺最后的水滴；安排暴雨来袭，蚂蚁们进行家园保卫战；想象人类介入，比如吸管引发洪水等情节，让故事充满张力。

（2）道具百宝箱

教师准备道具“百宝箱”，提供故事主人公可能需要的各种神奇道具，如会预报天气的蒲公英钟、能当潜水艇的核桃壳、储存阳光的玻璃珠等。学生可以在创作故事时运用这些道具，增加故事的趣味性和奇幻色彩。

（3）反转制造机

教师引导学生为故事设计反转情节，提升故事的吸引力。例如敌人变盟友，蜘蛛帮忙织救生网；灾难带来礼物，洪水带来食物；弱小变强大，蚂蚁举起人类等，培养学生的创新思维。

3. 故事创编

学生写《蚂蚁王国历险记》时，老师在教室里一边走一边提醒大家：“故事得有头有尾，起因、经过和结果一个都不能少，还要用上我们刚才学到的方法，多写点细节，让故事变得更加生动，就像真的成为一只蚂蚁，正在蚂蚁世界历险一样。”

老师巡回指导，密切关注学生的创作情况，进行指导。

（四）成长认证仪式

1. 勇气证书：教师为学生颁发“自然观察家”“童话创想师”等称号，给予学生充分的肯定和鼓励，增强学生的自信心和成就感。

2. 勋章互赠礼：教师组织学生交换小蚂蚁的成长故事，让学生在分享中感受彼此的创意和成长，增进学生之间的交流。

3. 封存时间胶囊：教师引导学生将观察日记封入铁盒，约定毕业时重启。让学生对自己的成长有更深刻的记忆，也为本次教学活动画上一个让人充满期待的句号。

五、板书设计

小蚂蚁成长记

蚂蚁的视角

小蚂蚁的世界

小蚂蚁的勇气

（根据学生分享完成板书）

六、教学评一体

（一）过程性评价

1. 在课堂讨论环节，观察学生参与讨论的积极性，看学生是不是主动举手发言，分享自己的奇思妙想，和小组成员合作是不是默契，交流有没有碰撞出思维的火花。

2. 在创作过程中，关注学生从蚂蚁视角切入写作的能力，有没有把蚂蚁的世界写得活灵活现；还要看其书写是不是认真，态度是不是端正。

3. 在展示分享环节，评价学生表达是否清晰、流畅，能不能把故事讲得绘声绘色；有没有认真听别人分享，能不能给出真诚又合理的评价，有没有从别人的作品中学到新东西。

（二）成果性评价

1. 根据同学们的自然笔记质量进行评价，看学生的自然笔记记录得够不够细致，观察够不够敏锐；分享日记时是不是自信大方，综合考量大家的学习成果和实践能力。

2. 从《小蚂蚁成长记》，看故事是否符合蚂蚁的微观视角，蚂蚁的行为与想法是不是合理；故事有没有趣，能不能吸引读者；情节是不是连贯，有没有逻辑。

附：电影信息

影片名：《鹬》

导演：艾伦·巴利拉罗（Alan Barillaro）

制片：皮克斯动画工作室

片长：6 分 57 秒

语言：无对白

上映时间：2016 年

故事梗概：

一只刚出生不久的小矶鹬，对海浪充满恐惧，在妈妈的鼓励下，它勇敢地走向海滩觅食。初次尝试时，它被汹涌而来的海浪打得落荒而逃。但小矶鹬没有放弃，它在观察一只寄居蟹躲避海浪的过程中获得启发，学会了在海浪来临前钻进沙里，从而成功地在海浪退去后找到更多的食物。最终，小矶鹬克服了内心的恐惧，在海滩上欢快地追逐海浪，享受着觅食的乐趣。

有趣的职业体验：电影《月神》创意读写教学案例

（适用四年级）

一、设计理念

《月神》这部影片充满了奇幻色彩，“祖孙三代清扫星星”的场景极具想象力。以其为教学素材，通过播放精彩片段，创设生动情境，能迅速抓住学生的注意力，激发他们对奇幻职业、神奇工具以及家族传承的好奇心。这种情境化教学，能将学生带入一个超越现实的童话世界，让他们在浓厚的兴趣驱动下，主动参与到后续的学习活动中，为深入探索课程内容奠定坚实的情感基础。

设计“职业幻想”“工具革命”“静默传承”等多元任务，旨在全方位培养学生的综合素养。“职业幻想”任务引导学生设计太空垃圾分类员工作守则，学生在思考太空垃圾种类和应对策略时，不仅锻炼了想象力，还提升了逻辑思维能力，学会用幽默且合理的语言表达想法。“工具革命”让学生探索粉笔的非板书用法，培养创新思维和对事物多面性的认知，增强实践操作和表达能力。“静默传承”任务借助肢体语言演绎家族秘技，提升学生的肢体表达能力，促使学生挖掘故事背后的文化内涵，增强文化传承意识。

设置跨界联动环节，让各小组抽取其他组的任务关键词进行融合创作。这打破了任务之间的界限，促使学生从不同的角度思考问题，将看似不相关的元素巧妙结合，培养创新能力和灵活应变能力。在小组合作完成任务的过程中，学生需要相互交流、协作，学会倾听他人意见，发挥各自优势，共同完成创作和表演，有效提升团队协作能力。

二、教学目标

（一）学生能够准确描述《月神》中呈现的奇幻职业、神奇工具及家族传承元素，通过对电影片段的分析，积累关于奇幻故事创作的素材。

（二）学会运用夸张、幽默等手法进行创意写作，如在设计太空垃圾分类员工作守则、编写粉笔的非板书用法时，能清晰、有条理地表达自己的奇思妙想，语句通顺，逻辑合理。

（三）经历从观察电影片段、展开想象、创意构思到实践创作的过程，提升学生的想象力和创新思维能力，学会从不同角度思考问题，探索事物的多种可能性。

（四）激发学生对奇幻文学和创意写作的兴趣，培养学生热爱生活、关注生活中平凡事物的情感，鼓励学生大胆想象，勇于创新。

三、教学准备

（一）电影素材：提前下载《月神》无字幕片段，确保播放的流畅度。

（二）道具准备：准备充足的彩色粉笔、海报纸、贴纸、任务卡模板，满足教学活动需求。

四、教学过程

（一）电影初探：走进《月神》的奇幻世界

1. 片段观赏

在上课伊始，老师满脸笑容地对同学们说："同学们，今天老师要带领你们走进一个超级奇幻的世界！"

2. 播放《月神》中"祖孙三代清扫星星"的经典片段，时长约三分钟

在播放的过程中，同学们的目光紧紧盯着屏幕，被那神秘而又美好的画面深深吸引。

3. 说来听听

片段播放结束后，老师提问："电影里爷爷、爸爸和小男孩的工作是什么呢？"

同学们纷纷举手，踊跃回答。

老师组织讨论：那你们觉得这份工作最有趣的地方是什么？

同学们各抒己见，有的说可以和星星近距离接触很有趣，有的说在那么美的夜空中工作感觉很棒。

4. 主题提炼

老师根据同学们的回答，在黑板上写下"职业的奇幻性""妙用工具""家族传承"等三个关键词，并解释道："同学们，从刚才的电影片段里，我们发现这份工作充满奇幻色彩，他们使用的工具也很特别，而且还有家族传承的元素在里面。接下来，我们就围绕这些有趣的点，一起开启今天的创意之旅吧！"

（二）任务选择：确定创作方向

1. 任务展示

老师在黑板上展示三个有趣的任务：

（1）职业幻想：太空垃圾分类员，老师解释：“想象一下，在遥远的太空，有一群特别的垃圾分类员，他们会遇到各种奇怪的太空垃圾。现在，我们就来为他们制定一份工作守则。”

（2）工具革命：写出粉笔的一百种非板书用法。“粉笔除了在黑板上写字，还能做什么呢？大家发挥想象，看看能发现粉笔的多少种神奇用途。”老师提示。

（3）静默传承：用肢体语言演绎家族秘技教学。

“就像电影里爷爷教孙子不用说话只用手势一样，我们也来试试用肢体语言传递秘密的技巧，是不是很有意思？”老师笑着说。

2. 分组投票

同学们听完任务介绍后，老师让大家举手选择自己感兴趣的任务。老师根据举手人数，合理调整分组，确保每项任务都有合适的人数参与。

3. 分发材料

分组完成后，老师给每组发放任务卡。任务卡上详细说明了任务内容，并提供简单的范例。老师叮嘱大家：“大家拿到任务卡后，仔细看看，有什么问题随时问老师哟。”

（三）奇幻任务，分组完成

任务一 职业幻想——太空垃圾分类员

1. 头脑风暴

老师引导同学们思考：“大家想一想，太空垃圾可能有哪些呢？”

同学们积极发言，有的说陨石碎片，有的说废弃的火箭，还有的说可能有外星人丢弃的可乐罐。

老师又问：“那垃圾分类员需要哪些装备来处理这些垃圾呢？”

同学们的想象力被充分激发，有人说需要吸尘泡泡枪，有人说要有会说话的垃圾桶。

2. 反向思考

老师举例向同学们解释反向思考的方法：“比如遇到会唱歌的垃圾，我们把这个麻烦转化为规则，就可以写成‘规则三：遇到会唱歌的垃圾，必须听完才能回收，否则它会因生气而爆炸！’大家也来试试，把太空垃圾带来的麻烦变成有趣的规则。”

3. 写作实践

同学们以小组为单位，合作完成五条“荒诞但合理”的工作守则，要求用序号并加上幽默的描述。完成后，每组派代表朗读，其他同学认真倾听，并猜测规则背后的“太空难题”。

在这个过程中，教室里充满了欢声笑语，同学们的创意不断涌现。

任务二 工具革命——粉笔的一百种非板书用法

1. 观察实验

老师拿起一支粉笔，故意掰断，然后问同学们：“粉笔除了写字，还能做什么呢？”

同学们的思维瞬间被打开，纷纷回答：“可以搭积木”“能画神秘的符号”“当魔法棒”等。

2. 脑洞分类

老师根据同学们的回答，将粉笔的用法分为“实用类”和“幻想类”。“像用粉笔灰做颜料、用粉笔头当棋子等能实际操作的用法就是实用类的；而粉笔变成缩小的药水瓶、召唤精灵的钥匙等充满奇幻想象的用法就是幻想类的。大家还有哪些不同的用法，也可以按照这两种类型分一分。”老师说道。

3. 创意清单

同学们每人写下三种用法，然后小组汇总成“三十种用法”清单。接着，大家用彩色粉笔在海报上绘制“脑洞排行榜”，评选出最实用和最离谱的用法。同学们认真绘制，讨论热烈，现场气氛十分活跃。

任务三 静默传承——家族秘技教学

1. 电影回放

老师回放《月神》中爷爷教孙子手势的片段，让同学们仔细观察其动作细节。播放结束后，老师组织大家讨论："不用语言，怎么才能把'秘密技巧'传递给别人呢？"同学们认真思考，积极分享自己的想法。

2. 肢体模仿

老师先示范一个"家族秘技"，比如"闭眼摸耳朵启动隐身术"，一边做动作一边讲解。然后，同学们两人一组，一人用动作教"秘技"，另一人猜测用途。

大家玩得不亦乐乎，教室里充满了欢乐的气氛。

3. 故事创作

同学们为自己的"秘技"编一个背景故事，比如"祖传的'挠鼻子召唤猫咪术'"。然后，用一百字左右写出"秘技口诀+传承故事"，并配上动作示意图。同学们发挥想象，创作出一个个有趣的故事。

（四）跨界联动：任务交叉小挑战

1. 随机组合

每组抽取其他组的任务关键词，比如"粉笔+家族秘技"。老师解释："现在，大家要把抽到的两个元素融合在一起，创作出更有趣的内容。"

2. 限时创作

在五分钟内，同学们要编一个融合两类元素的小故事。比如"用粉笔画出祖传魔法阵"。

大家争分夺秒，充分发挥想象力，将两个看似不相关的元素巧妙融合。

3. 即兴表演

同学们用动作或道具简单演绎故事片段，其他组认真观看并猜测融合了哪些元素。

这个环节将课堂气氛推向了高潮，同学们的表演充满创意，大家在欢笑中收获了知识和快乐。

（五）作品展示：奇幻成果发布会

1. 职业组

职业组的同学们宣读《太空垃圾分类员工工作守则》，并搭配夸张的动作模仿“垃圾分类员”。他们的精彩展示让其他同学仿佛真的看到了太空垃圾分类员的奇妙工作场景，赢得了阵阵掌声。

2. 工具组

工具组展示“粉笔用法排行榜”，并选择一种神奇功能用粉笔现场演示。他们的展示让大家对粉笔的神奇用途有了更直观的感受，也激发了同学们对探索工具新用法的兴趣。

3. 传承组

传承组无声表演“家族秘技”，由观众猜测秘技的名称与用途。他们生动的表演让同学们沉浸其中，大家积极参与猜测，现场互动热烈。

（六）多元评价：自评、互评与教师评

1. 自评表

老师发放自评表，上面有两个问题：“我的创意最有趣的地方是：________________”“下次我想改进的地方：________________”。老师引导学生认真思考，回顾自己在活动中的表现，客观地评价自己。

2. 互评点赞

老师给每人发三张贴纸，告诉大家：“把贴纸贴到你认为‘最意想不到的创意’上，用这种方式来为其他同学点赞。”同学们认真欣赏其他组的作品，选出自己心目中最有创意的展示，现场充满了相互学习和鼓励的氛围。

3. 教师总结

老师对同学们的表现进行总结，表扬大家想象时的亮点，比如“用粉笔灰

画星空”“秘技挠头召唤作业答案”等创意。同时，也针对大家存在的不足提出建议，鼓励同学们在今后的学习中继续发挥想象力，不断进步。

（七）拓展延伸：从课堂到生活

1. 课后任务

老师布置课后任务：“回家后，观察家中的某件工具，比如勺子、衣架，写出它的五种‘隐藏功能’。另外，用肢体语言教家人一个‘自创秘技’，并录制小视频，和同学们分享。”

2. 阅读推荐

老师向同学们推荐《不可思议的发明》《爷爷的爷爷的爷爷的爷爷》等绘本，鼓励大家阅读，从书中获取更多的灵感和知识。老师说：“这些绘本里有很多奇妙的创意，相信大家读完会有更多的收获。”

五、板书设计

奇幻职业

1. 核心词：奇幻职业、工具脑洞、无声传承

2. 任务树

太空：垃圾→规则→故事

粉笔：观察→分类→创造

家族：动作→故事→秘密

六、教学评一体

（一）过程性评价

1. 参与度观察：在教学过程中，观察学生参与课堂讨论、小组活动的积极

性。如在“职业幻想”任务的头脑风暴环节，看学生是否踊跃发言，提出太空垃圾和处理装备的创意想法；在“工具革命”任务的观察实验环节，留意学生对粉笔新用途的思考活跃度。对积极参与且想法新颖的学生给予肯定，鼓励参与度低的学生大胆表达。

2. 小组协作评估：关注小组合作时学生的表现，包括沟通交流、任务分工、倾听他人的意见等方面。例如在编写《太空垃圾分类员工作守则》小组活动中，若小组成员分工明确、交流顺畅，能充分发挥各自优势，则给予表扬；对协作存在问题的小组，及时引导调整。

（二）成果性评价

1. 任务成果评价：针对各项任务的完成情况进行评估。对于“职业幻想”任务，评价《太空垃圾分类员工作守则》是否合理，规则是否有创意且逻辑清晰；“工具革命”任务中，评估“粉笔用法排行榜”的实用性和创意性，以及所选粉笔功能演示的效果；“静默传承”任务中，考量“家族秘技”的故事创作是否有趣、动作示意图是否准确、表演是否生动形象。

2. 综合素养评价：从整体上评价学生在创意、表达、团队协作等综合素养方面的提升。如在跨界联动环节，观察学生融合不同元素创作故事和表演的能力；在作品展示环节，根据学生的展示效果判断其综合能力的发展，对表现突出的学生给予奖励，对存在不足的学生提出改进方向。

附：电影信息

影片名：《月神》

导演：埃里康·卡萨罗萨（Enrico Casarosa）

制片：皮克斯动画工作室

片长：7 分 40 秒

语言：无对白

上映时间：2011 年

故事梗概：

在一个宁静的夜晚，小男孩随着父亲和祖父乘船来到海上，他们的任务是用长竿清理月亮表面的星星碎片。小男孩最初对这份工作感到好奇又迷茫，在父亲和祖父不同方式的教导下，他逐渐掌握了清理的方法。然而，当一颗巨大的星星坠落，大家都不知如何是好时，小男孩突发奇想，用自己的方式解决了问题，让月亮重新变得明亮。最后，小男孩坐在月亮上，期待着下一次与家人一起工作的时光。

勇闯童话岛，解锁读写秘籍

（适用三年级）

在小学阶段的学习过程中，三年级常被视作一道关键的分水岭。就语文学习而言，学生们面临着从一二年级写一段话到三年级创作一篇内容完整的文章的重大跨越。这一转变，虽不至于如蜀道那般艰难险阻，但也着实让不少学生心生畏惧，对写作望而却步，甚至谈“文”色变。

在提升学生表达能力，尤其是书面作文能力方面，单纯依靠八个单元的作文练习是远远不够的。语文教师需要积极组织开展丰富多彩的读写活动，充分调动学生的表达热情。而以童话为主题的小游戏，能为学生营造相对自由的氛围，让他们自在地表达自己的想法，锻炼并提升其语言组织与表达能力。

接下来，为大家精心分享十个专为三年级学生设计的超有趣的童话创意读写小游戏。这些游戏巧妙融合了逻辑拓展与想象力进阶，不仅能助力孩子们的读写能力，还能多维度提升综合素养。而且，游戏所需材料均来自生活，轻松可得。现在，就让我们和孩子们一同开启这场奇妙的童话游戏之旅吧！

游戏一 童话地图寻宝师

◆ 魔法袋

旧报纸、牛皮纸、贴纸、荧光笔，这些材料在日常生活中十分常见，很轻松就能集齐。

◆ **魔法驿站**

1. 带领孩子们将纸张揉皱，模拟带有岁月痕迹的旧地图模样。接着，在地图上绘制“巨龙火山”“彩虹沼泽”等奇幻地形，瞬间将孩子们带入神秘的童话世界。

2. 用荧光笔在地图上隐秘地标出三条隐藏路线，可选用虚线或箭头符号，为这场寻宝冒险增添更多神秘色彩。

3. 和孩子们一起编写《寻宝指南》，比如“在月光石路口向东跳三下……”让孩子们依据线索开启探索之旅，看谁率先找到宝藏。此游戏能激发孩子们的探索欲望，锻炼他们的方向感与逻辑思维能力。

游戏二 魔法天气制造机

◆ **魔法袋**

透明塑料袋、彩纸屑、吸管，无论是在家里还是学校，都能轻松找到这些物品。

◆ **魔法驿站**

1. 在透明塑料袋中装入彩纸屑当作“云朵”，让孩子们对着吸管吹气，模拟制造“龙卷风”。在这个过程中，孩子们可以感受气流的变化，观察彩纸屑在塑料袋中舞动的情形，仿佛在创造一种独特的天气现象。

2. 鼓励孩子们发挥想象，描述特殊的天气现象，如“下起了会唱歌的雨……”以此锻炼他们的想象力和语言表达能力。

3. 引导孩子们以《气象巫师的日记》为主题，写下这些特殊天气的成因，培养他们的思考与写作能力。

游戏三 会说话的物品日记

◆ **魔法袋**

任选三件文具，如橡皮、尺子等，再准备一个笔记本。

◆ **魔法驿站**

1. 让孩子们为选中的文具画上可爱的表情，并赋予它们有趣的名字，比如“爱哭的铅笔先生”，赋予文具鲜活的生命力。

2. 引导孩子们想象文具之间的对话，以《物品悄悄话》为题记录下来，比如“尺子姐姐今天量错了……”促使他们深入思考物品特点及可能发生的故事。

3. 鼓励孩子们以文具的口吻写道歉信或挑战书，通过不同情境的创作，提升写作水平和想象力。

游戏四 故事密码筒

◆ **魔法袋**

卫生纸筒、用图形代替字母的密码表、纸条。

◆ **魔法驿站**

1. 让孩子们在纸条上用密码编写故事，例如“△代表公主找到★”，体验创造密码的乐趣。

2. 将写好的密码故事小心地卷起，塞进卫生纸筒里，如同藏起神秘的宝藏。

3. 孩子们相互交换密码筒，依照密码表破译故事内容，并将其改编成漫画剧本。这一过程既能锻炼逻辑推理能力，又能激发创意改编的热情。

游戏五 反转角色扮演帽

◆ **魔法袋**

用报纸折成三角帽，再准备一些便利贴。

◆ **魔法驿站**

1. 在帽檐贴上角色特征，如“善良的狼”“胆小的狮子”，打破孩子们对传统童话角色的固有认知。

2. 让孩子们戴上帽子，以反转后的性格进行对话，比如狼温柔地说：

“请……请不要吃我好吗？”引导他们感受不同角色的内心世界。

3. 要求孩子们写一篇《角色改造计划书》，阐述角色性格改变的原因，培养批判性思维和写作能力。

游戏六 童话菜单设计师

◆ **魔法袋**

外卖单背面、食物标签贴纸，这些材料获取起来非常容易。

◆ **魔法驿站**

1. 和孩子们一起发挥想象，设计魔法菜谱，比如“勇气炖蘑菇（原料：日落时的露珠）”，让孩子们了解食物搭配的创意与故事背景。

2. 为每道菜品绘制“食用效果示意图”，例如吃了“勇气炖蘑菇”的小动物变得勇敢无畏，培养孩子们的绘画能力和想象力。

3. 让孩子们以《魔法餐厅奇遇记》为题写一个故事，描绘顾客在餐厅就餐时的精彩片段，锻炼写作能力。

游戏七 影子连环画

◆ **魔法袋**

长条白纸、台灯、手电筒，这些物品在家中较为常见。

◆ **魔法驿站**

1. 在灯光下，让孩子们用手影在长条白纸上投射出连续动作，比如小鸟起飞的连贯动作，感受奇妙的光影变化。

2. 沿着手影轮廓仔细描摹出形状，形成八格画面，构建出简单的连环画雏形。

3. 在画面间隙补充有趣的对话气泡，如“天空，我来啦！”使整个故事更加生动、有趣。该游戏能锻炼孩子们的观察力、绘画能力和故事创作能力。

游戏八 魔法自然标本

◆ **魔法袋**

落叶、花瓣、透明胶带、卡纸，在户外散步时就能轻松收集到这些材料。

◆ **魔法驿站**

1. 让孩子们用透明胶带将收集到的落叶、花瓣等自然物封存起来，制作独一无二的“魔法标本”，感受自然与手工结合的乐趣。

2. 为每个标本撰写富有诗意的说明牌，比如“千年银杏的智慧碎片”，培养想象力和文字表达能力。

3. 鼓励孩子们创作《博物馆夜游记》，想象展品在夜晚复活后发生的奇妙故事，激发写作灵感。

游戏九 时间快进怀表——穿越童话时间之旅

◆ **魔法袋**

瓶盖、扭扭棒，用这些简单的材料就能制作出神奇的“时间快进怀表”。

◆ **魔法驿站**

1. 在瓶盖上画出表盘，用扭扭棒制作指针，打造属于自己的“时间快进怀表”。

2. 转动指针设定快进时间，如“一百年后”或“昨天”，引导孩子们想象时间变化后的场景，比如“城堡里突然长满藤蔓……”

3. 让孩子们以《时间漏洞调查报告》为题，分析场景变化的原因，培养逻辑思维和写作能力。

游戏十 童话广播站

◆ **魔法袋**

纸杯话筒、新闻稿模板，这些准备起来毫不费力。

◆ **魔法驿站**

1. 让孩子们模仿播音员，拿着纸杯话筒播报有趣的童话新闻，比如“插播！南瓜马车交通堵塞……”锻炼其语言表达能力和模仿能力。

2. 组织孩子们采访“现场目击者”，可以让玩偶或同学扮演，增加游戏的趣味性与互动性。

3. 将采访内容整理成《童话晚报》头条新闻，让孩子们体验新闻采编的过程，接触不同的文本形式。

这些游戏融入了 STEAM 理念，像“魔法天气制造机”和“时间快进怀表”，能培养孩子们的科学思维，助力他们探索科学奥秘。通过新闻采编、调查报告等多种体裁，让孩子们接触多元文本，拓宽写作视野。游戏中的密码破译、线索推理环节，能有效提升逻辑能力，培养思考与分析能力。同时，结合气象员、播音员、博物馆馆长等职业体验，帮助孩子们拓展认知，了解不同职业的特点。

在开展这些游戏时，可以借助“童话任务卡”发布指令，让游戏更具仪式感。建议设立“创意银行”积分制，孩子们可用游戏成果兑换“魔法勋章”（彩色纽扣），以此激发他们持续参与的热情。

家长们、老师们，快带着孩子们玩起来吧！让他们在童话游戏中快乐学习，收获满满的知识与成长！

趣玩童话游戏，进阶读写能力

（适用四年级）

身为一名小学语文教师，若长期带领学生参与童话创意读写游戏，你便会惊喜地发现，孩子们的读写能力往往是超越同龄人的。在陪伴孩子们读童话、玩童话、写童话的过程中，我们一同收获了无尽的欢乐，更见证了他们全方位的成长。这种成长，不仅体现在读写能力的稳步提升上，还体现在孩子们的心灵在童话的滋养下，获得了极大的慰藉与满足。

在众多简单有趣的童话创意读写游戏里，有些游戏即便仅停留在口头交流阶段，未形成文字记录，却依然能让孩子们在分享过程中，充分体验到自我表达的成就感。当然，更多精彩的故事并没有随风消散，借助文字的力量，我们成功留住了这些珍贵的童年记忆。一本本凝聚着孩子们心血的班级书籍、童话集，便是他们成长路上最有力的见证，也是童年馈赠给他们的最珍贵的礼物。

作为教育工作者，尤其是语文教师，不能只关注学生当下的学业成绩。这并非意味着忽视成绩，而是在保障基本学业水平的基础上，要有着眼未来的长远眼光和坚定决心。唯有如此，我们才能在完成紧张的语文教学任务之余，以轻松愉悦的心态，带领孩子们在童话的奇幻世界中自由探索。

接下来，为大家分享十个专为四年级小朋友设计的超有趣的童话创意读写进阶小游戏。这些游戏巧妙融入推理、合作与科学元素，孩子们在玩耍过程中，不仅能潜移默化提升读写能力，还能学到丰富的新知识。更值得一提的是，游戏所需的材料在教室或家中极易获取，方便又实用。现在，让我们一同开启这场充满趣味的游戏之旅吧！

游戏一 解谜童话屋

◆ 魔法袋

利用快递盒打造神秘的童话小屋，再准备一些便利贴作为线索条，这些材料获取起来十分便捷。

◆ 魔法驿站

1. 在快递盒内部贴上六张线索条，写上例如“窗边第三块砖有密信”的字样，并画上小箭头，为孩子们寻找线索提供指引。

2. 用荧光笔在小屋的隐蔽位置写下谜语，如“白天的星星在哪里？（答案：书页）”，激发孩子们的思考与探索热情。

3. 孩子们依据找到的线索，拼出《被封印的童话》第一章的内容。整个过程如同小侦探破案，充满刺激与挑战，能够有效锻炼孩子们的推理能力和阅读能力。

游戏二 魔法信件实验室

◆ 魔法袋

准备棉签、小苏打水以及用于酸碱显色的紫甘蓝汁，这些材料在日常生活中并不难找到。

◆ 魔法驿站

1. 让孩子们用棉签蘸取小苏打水，在纸上写一封隐形信，比如“精灵王国的求救信号”，引发孩子们对隐形信的好奇。

2. 在写有隐形信的纸上喷洒紫甘蓝汁，蓝色的字迹便会逐渐显现，如同施展魔法一般，给孩子们带来惊喜。

3. 引导孩子们根据这一神奇的化学原理，撰写《魔法邮差工作手册》，详细阐述魔法信件的制作与显示过程。这不仅能激发孩子们对科学的兴趣，还能锻炼他们的写作能力。

游戏三 童话法庭辩论

◆ **魔法袋**

准备包含大灰狼、小红帽等童话角色的角色卡，再找一个木勺当作法槌，以此模拟法庭的场景。

◆ **魔法驿站**

1. 让孩子们通过抽签决定扮演原告或被告的角色。例如设定三只小猪起诉飓风的情境，引导孩子们站在各自角色的立场去思考问题。

2. 要求孩子们运用“因为……所以……”的句式陈述观点，帮助他们有条理地表达自己的想法。

3. 辩论结束后，让孩子们撰写一份《童话法庭判决书》，并附上自己想象出的法条，如《森林友爱法第五条》。通过这个游戏，孩子们能够学会从不同的角度思考问题，有效提升逻辑思维和写作能力。

游戏四 声控故事迷宫

◆ **魔法袋**

准备一张纸板迷宫图，并用吸管制作一个有趣的声波感应器作为道具，材料简单易得。

◆ **魔法驿站**

1. 孩子们对着“声波感应器”喊出通关密语，如“芝麻开门→花瓣飞舞”，密语可由孩子们自行设定，充满创意。

2. 根据语音指令移动迷宫中的棋子，让棋子在迷宫中穿梭，仿佛置身于童话世界的冒险之旅。

3. 若在游戏过程中出现问题，如声音魔法失灵，让孩子们记录一份《声音魔法失灵事件》故障排查报告，分析产生故障的原因。该游戏能锻炼孩子们的反应能力和解决问题的能力，同时培养他们撰写实用文本的能力。

游戏五 时间折叠日记

◆ **魔法袋**

找一张长纸条，将其反复折叠成手风琴册的形状，开启独特的时间之旅。

◆ **魔法驿站**

1. 在第一折上，让孩子们记录“现在”发生的事情，比如发现一个神秘的树洞。

2. 展开第二折，引导孩子们发挥想象，描绘树洞百年前的模样，感受时间的变迁。

3. 最后展开末端，鼓励孩子们想象未来树洞中可能出现的情景，如树洞里来了一位时空旅行者。通过这个游戏，孩子们能够锻炼想象力和对时间的理解能力，同时将自己的奇思妙想记录下来，提升写作能力。

游戏六 童话基因重组器——创造神奇的童话生物

◆ **魔法袋**

准备彩色毛线和写有翅膀、鱼尾等生物特征的卡片。若家中有彩纸和笔，孩子们也可自行制作卡片。

◆ **魔法驿站**

1. 让孩子们用彩色毛线扭出各种新奇的生物，如长着大象鼻子的蒲公英，充分发挥他们的创造力。

2. 引导孩子们为自己创造的新生物编写一份物种档案，介绍其栖息地，如“云朵农场”，以及它所吃的食物，如“彩虹雾”。

3. 绘制一张《变异生物安全守则》警示牌，提醒大家该生物的特殊之处以及需要注意的事项。此游戏能充分激发孩子们的想象力和创造力，帮助他们掌握介绍性文字的写作方法。

游戏七 魔法定格相机

◆ **魔法袋**

准备一个纸相框，调动孩子们灵动的身体，就能开启一场别具一格的童话之旅。

◆ **魔法驿站**

1. 每三个小朋友一组，用身体摆出一个童话场景，如拔萝卜的现场，通过团队合作让场景生动呈现。

2. 用准备好的纸相框“拍摄”这个场景，然后引导孩子们仔细观察并描述画面细节，锻炼他们的观察力和语言表达能力。

3. 根据定格的画面，让孩子们以《照片背后的秘密》为题创作一个故事，尽情发挥他们的想象力，讲述照片中可能隐藏的剧情。

游戏八 童话经济学沙盘

◆ **魔法袋**

利用乐高积木搭建场景，再准备一些手工制作的货币，即可开启一趟有关经济的童话世界之旅。

◆ **魔法驿站**

1. 孩子们用乐高积木搭建“精灵银行”“人鱼交易所”等童话世界中的金融机构，锻炼他们的创造力和动手能力。

2. 组织孩子们共同商量并设计货币流通规则，如“1 颗海星币 =3 片龙鳞”，帮助孩子们了解货币交换和经济运行的基础知识。

3. 引导孩子们根据自己搭建的经济场景和设定的规则，撰写一篇《黑森林金融危机》事件分析报告，并思考应对经济问题的方法。该游戏能培养孩子们的经济意识和分析问题的能力，提升他们的写作水平。

游戏九 平行宇宙穿梭机

◆ **魔法袋**

用贴纸装饰门框，准备一些写有宇宙编号（如 A-321、B-456）的便笺，就能开启前往平行宇宙的冒险之旅。

◆ **魔法驿站**

1. 孩子们穿过“门框”，仿佛穿越到了不同的平行宇宙，每个宇宙都设定有不同的规则，如重力消失，让孩子们感受不同宇宙的奇妙之处。

2. 在不同的宇宙中，孩子们将看到的奇怪现象记录下来，形成一份《异常现象清单》。

3. 根据记录，编写一份《跨宇宙旅行注意事项》，向大家介绍在不同宇宙旅行的注意要点。这个游戏能激发孩子们的想象力和探索精神，培养他们整理信息和撰写实用说明文的能力。

游戏十 童话漂流瓶

◆ **魔法袋**

准备一个塑料瓶、防油纸，并用茶渍将纸做旧，营造神秘氛围。

◆ **魔法驿站**

1. 让孩子们在防油纸上写一封求助信，如“被困在会移动的岛屿上了……”充分发挥想象力，编写有趣的故事。

2. 用茶水涂抹纸张，使其看起来富有年代感，仿佛这封信经历了漫长的漂流过程。

3. 最后，引导孩子们为漂流瓶设计一份《百年传递路线图》，想象漂流瓶在不同地方的奇妙旅程。该游戏能让孩子们感受童话世界的浪漫与神秘，锻炼他们的写作和规划能力。

这些游戏蕴含着丰富的教育价值。“魔法信件实验室”中的酸碱显色实验、“平行宇宙穿梭机”里对重力的模拟，引入了基础科学实验，助力孩子们实现学科融合，积极探索科学知识。“童话经济学沙盘”里的经济模型、“童话法庭辩论”中的法律文书，有助于培养孩子们的社会认知力，让他们初步了解经济和法律知识。游戏中设计的故障排查报告、安全守则、事件分析等实用文本类型，能让孩子们接触并掌握不同类型文章的写作方法，增强写作的实用价值。此外，“童话法庭辩论”中的团队协作，以及在各个游戏中面对问题时培养的批判性思维，如思考如何解决经济危机、分析童话角色行为的对与错等，都对孩子们的成长大有裨益。

在组织孩子们玩这些游戏时，可以采用“任务卡 + 闯关地图”的形式，增加游戏的挑战性和趣味性。设立“童话管理局”，为孩子们颁发“跨次元通行证”（可用定制印章代替），用旧鞋盒制作“时空档案柜”，保存孩子们在游戏中的成果。这样不仅能增强游戏的系统性，还能让孩子们感受到强烈的仪式感，从而更加积极地参与到游戏中来。

家长们、老师们，快带着孩子们行动起来吧！让孩子们在这些童话游戏中快乐地学习，收获知识与成长的硕果！

童话七色光

（作品展示）

快乐的森林旅行

陈佳瑞（泰安市岱岳区山口镇中心小学 2019 级 2 班）

今天是阳光灿烂的一天，小马、小兔和小鸟早就约好一起去森林公园玩耍啦。昨天他们就满心期待，今天一大早，太阳还没完全升起，他们就兴高采烈地来到了约定的地方，随后蹦蹦跳跳地朝着森林公园出发喽！

一路上，他们就像一群快乐的小精灵，叽叽喳喳地说个不停。小马开心地讲着森林里那些有趣的事儿：什么小松鼠把松果藏错了地方，闹了大笑话啦；还有啄木鸟给树爷爷捉虫子时，把他弄得痒痒的，打了好多喷嚏……小兔子听得眼睛睁得圆圆的，时不时惊讶地叫出声来。小鸟在一旁拍着翅膀，欢快地附和着。正说着，小猪气喘吁吁地跑了过来，大声喊道："等等我呀，我也要一起去！"于是，他们就像一个欢乐的小团队，热热闹闹地继续向前走。

走着走着，他们来到了森林深处。这里有一座小房子，护林员山羊爷爷正在屋子里悠闲地看书呢。他们赶忙跑过去，礼貌地说："山羊爷爷好呀！"山羊爷爷抬起头，看到这些可爱的小家伙，脸上露出了慈祥的笑容，眼睛眯成了一条缝，说道："孩子们好呀！昨天刚下过一场大雨，今天地上有好多小水洼，你们走路时可要小心，别滑倒啦！”

他们齐声回答道：“谢谢山羊爷爷关心！”然后又蹦蹦跳跳地上路了。没走多远，一个小水洼出现在他们面前。他们互相看了看，脸上都露出调皮的笑容。只见小马挺了挺胸膛，自信满满地撒开蹄子，哒哒哒，飞快地跑了过去；小鸟拍拍翅膀，轻盈地飞了过去，还在空中转了个圈；小兔子往后退了几步，用力一蹦，轻轻松松就跳过了小水洼。轮到小猪啦，他把身体缩成一个圆滚滚的球，憋住气，骨碌骨碌地滚了过去。小马、小兔和小鸟看到小猪滑稽的样子，忍不住哈哈大笑起来，小猪也跟着笑了，森林里充满了他们欢快的笑声。

终于，他们来到了森林公园。这里绿树成荫，五颜六色的花朵竞相开放，还有大片大片柔软的草地。他们在公园里尽情地玩耍，一会儿在草地上你追我赶地捉迷藏，一会儿在树林里比赛谁爬树爬得高，玩得不亦乐乎。这一天，他们都觉得特别开心，是最快乐的一天！

评语：陈佳瑞同学，你的童话写得真精彩！你用活泼生动的语言，把小动物们去森林公园一路上的欢乐场景描绘得栩栩如生。比如小动物们的对话、动作和表情，都写得特别有趣，让老师读起来也跟着开心起来。文章的结构也很清晰，从出发前的期待，到路上的经历，再到在公园里玩耍，都叙述得有条有理。不过呢，要是在描写玩耍的时候，能多写一些细节就更好啦。比如捉迷藏时，谁藏得最隐蔽，大家是怎么找到他的；比赛爬树时，有没有发生一些有趣的小意外。这样文章会更加丰富、生动哟。继续加油，老师相信你以后能写出更棒的作文！

爱打喷嚏的小青蛙

佟安琪（泰安市岱岳区山口镇中心小学 2019 级 2 班）

在一个风景如画的大森林里，住着一只可爱的小青蛙，可他有个小烦恼，就是特别爱打喷嚏。

有一次，小青蛙、小松鼠、小猫和小兔子都在狐狸奶奶家听故事。故事正讲到最惊险的地方，大家都听得入神，突然，小青蛙阿嚏一声，打了一个超级响的大喷嚏。狐狸奶奶本来就有心脏病，这一下差点被吓昏过去。小青蛙心里别提有多自责了，脸涨得通红，不停地向狐狸奶奶道歉。狐狸奶奶知道小青蛙不是故意的，温柔地摸了摸他的头，说没关系。

还有一次，大家都很喜欢的鼹鼠叔叔来陪小动物们玩。大家正玩得开心，小青蛙的喷嚏又来“捣乱”了。他突然打了一个喷嚏，鼹鼠叔叔吓得尖叫起来：“哦！我的天啊！这也太可怕了吧！我要赶紧离开这里。”

因为总是打喷嚏吓到大家，小动物们都不太愿意和小青蛙一起玩了。小青蛙觉得特别孤单，一个人待在角落里，心里很难过。他听说在另一片森林里，有一位河马大叔，特别聪明，和他聊聊天，就像读了万卷书一样。

小青蛙决定去找河马大叔，希望他能治好自己爱打喷嚏的毛病。去另一片森林的路可真难走啊，要先渡过一条又宽又深的大河，再翻过一座大山，山上还有一个可怕的巨人，这个巨人最喜欢吃各种小动物了。但小青蛙心想：只要能找到河马大叔，再苦再累我也不怕！

很快，小青蛙要去找河马大叔的消息传遍了整片大森林。小动物们都来劝他不要去，小狗着急地说：“你不能去找河马大叔，你的喷嚏把狐狸奶奶的心脏病都吓出来了！”小刺猬也附和道：“就是，就是，你一个喷嚏把鼹鼠叔叔都吓走了！”其他小动物们也七嘴八舌地反对。

但小青蛙没有被大家的话吓倒，在一个漆黑的夜晚，他勇敢地出发了。他走啊走啊，终于走到了那条大河边。看着宽阔的河面，小青蛙犯难了，自己力气这么小，怎么游过去呢？这时，一只大乌龟慢悠悠地游了过来。小青蛙赶紧打招呼道：“您好，我是小青蛙，您可以驮着我过河吗？”大乌龟笑着说：“当然可以啦！”大乌龟把小青蛙驮到了对岸，小青蛙感激地说：“谢谢您！”大乌龟说：“不用谢，祝你好运。”

接着，小青蛙又来到了大山前。那个巨人正在呼呼大睡，还说着梦话："别跑！我的鸡腿！"小青蛙心想：这是个好机会！他深吸一口气，使劲儿鼓了鼓肚子，"阿嚏"，打了一个超级大喷嚏。这一声喷嚏可真响，直接把巨人震飞了，巨人一直飞到了九霄云外。

就这样，小青蛙游过了九十九条河，翻过了九十九座山，终于找到了河马大叔。

河马大叔看到小青蛙，关心地说："你这一路走来，一定遇到了许多困难吧！"小青蛙委屈地说："没关系的，河马大叔，因为我经常打喷嚏，小动物们都不愿意和我玩，您可以帮我治一治打喷嚏的病吗？"

河马大叔笑着说："哦哦，你是因为这个事来找我的呀，告诉你一个秘密，其实我小时候一紧张就会打喷嚏，有时还会放屁呢！后来爸爸告诉我，紧张的时候就深呼吸，吸气、呼气，再放松就好了。"

小青蛙听了，眼睛一下子亮了起来："哦，原来这么简单，谢谢您，河马大叔！"

"不用谢，快点回家吧！"

从此以后，小青蛙按照河马大叔教的方法，真的再也不打喷嚏了。他又可以和小动物们一起快乐地玩耍了，每天都过得非常开心。

评语：佟安琪同学，你的文章简直太有趣啦！你把小青蛙爱打喷嚏带来的烦恼，以及他寻找河马大叔的冒险之旅写得十分精彩。故事充满了波折，小青蛙遇到的困难和解决办法都很有意思，读到最后，让一直为他捏着一把汗的读者松了口气。而且通过小青蛙的经历，还展现了他勇敢面对困难的精神，很有教育意义。你的语言表达能力也很不错，对小动物们的对话和心理描写都很生动。不过，在描写小青蛙过河和震飞巨人的部分，可以再增加一些细节，比如对那条河的描述、大喷嚏把巨人震飞时巨人的表情等。这样能让故事更加生动形象哟。继续加油，你写故事的能力越来越强啦！

小乌鸦的音乐梦

张娜瑜（泰安市岱岳区山口镇中心小学2019级2班）

在美丽的大森林里，住着一只小乌鸦，她有一个大大的梦想，那就是开一场属于自己的音乐会。小乌鸦特别喜欢唱歌，总是嘎嘎地唱个不停，可她的歌声实在不太好听，小动物们每次听到都纷纷捂住耳朵，不愿意听她唱歌。小乌鸦心里别提多难过了，她常常望着天空发呆，心想：为什么大家都不喜欢我的歌声呢？

森林里，小黄鹂和小百灵是一对好朋友，他们可是森林里最著名的歌唱家。小乌鸦心想：要是能跟他们学习唱歌，说不定我也能唱出好听的歌声呢！于是，小乌鸦鼓起勇气，向小黄鹂和小百灵拜师学艺。

第一天学习唱歌，小乌鸦特别认真，可她一开口，那难听的声音还是没变。小乌鸦有些沮丧，她问小黄鹂和小百灵："为什么我向你们这么厉害的音乐家学唱歌，可我的歌声还是这么难听呀？"小百灵温柔地回答："别灰心，你才学了一天，只要继续努力，一定可以练出好听的歌声。"

小乌鸦听了，觉得很有道理，就继续努力练习。可是，又一天过去了，两天过去了，三天过去了，她唱歌还是没有一点进步。小乌鸦开始不耐烦了，她想：我都努力这么久了，还是不行，看来我真的不适合唱歌。于是，她不再学唱歌了。

小百灵和小黄鹂看到小乌鸦放弃了，心里很着急，他们想去劝劝小乌鸦，可小乌鸦不在家，她出去散步了。小乌鸦一边走，一边在心里纠结："我到底还要不要继续唱歌呢？成为一名优秀的音乐家，可是我一直以来的梦想呀。但是我的声音这么难听，是不是真的实现不了这个梦想呢……"小乌鸦想了好久好久，终于，她握紧了拳头，坚定地说："我不能放弃，我要继续唱歌，再坚持一段时间，我肯定能行！"

从那以后，小乌鸦又开始每天和小黄鹂、小百灵一起学唱歌了。日子一天天过去，小乌鸦付出了更多的努力，她不停地练习，认真听小黄鹂和小百灵的指导。终于，功夫不负有心人，小乌鸦唱出了美妙的歌声！她的歌声清脆悦耳，就像山间的清泉流淌，又像林间的微风轻拂。

小乌鸦开心极了，她和小黄鹂、小百灵一起，在森林里举行了一场盛大的音乐会。那天，森林里的小动物们都来了，他们陶醉在小乌鸦美妙的歌声里，纷纷为小乌鸦鼓掌。小乌鸦站在舞台上，脸上洋溢着幸福的笑容，她知道，自己的努力没有白费，只要坚持梦想，就一定能实现！

评语：张娜瑜同学，你把小乌鸦追求音乐梦想的故事讲得很完整，小乌鸦从一开始因为歌声难听被大家嫌弃，到拜师学艺遇到困难想放弃，再到最后坚持实现梦想，情节有起有伏，很吸引人。你还通过小乌鸦的经历告诉大家坚持的重要性，非常棒！在描写小乌鸦的心情时，语言也很生动，让读者能感受到她的心理变化。不过呢，在讲述小乌鸦学习唱歌的过程中，可以再多写一些她具体是怎么努力的，比如练习了哪些发声技巧，遇到困难时有没有想过其他办法，这样文章会更加丰富、精彩。继续加油呀！

狐狸格格的专卖店

赵荣斌（泰安市岱岳区山口镇中心小学 2019 级 2 班）

在一片生机勃勃的森林里，住着许多可爱的小动物，有小羊知知、小猪明明、小熊可可、小老虎丁丁，还有狐狸格格。

有一天，狐狸格格开了一家“狐狸学习用品专卖店”。可是，因为狐狸格格以前很狡猾，小动物们都不太信任她，所以虽然店开张了，却没有动物敢来。路过的动物们都远远地绕着走，街道上冷冷清清的。

专卖店的旁边就是一所很大的学校，狐狸格格心想：中午放学的时候，肯定会有很多小朋友来买东西。于是，第二天专卖店正式营业时，她站在台阶上，大声吆喝："狐狸学习用品专卖店开张啦，需要的快来购买呀！"可喊了大半天，连一个顾客都没有，只有她的声音在街道上回荡。

狐狸格格坐在椅子上，等啊等啊，时间慢慢地过去。终于到了中午，她又赶紧走到台阶上，继续吆喝。可这一喊又是一个中午，她累得精疲力竭，坐在椅子上睡着了。在梦里，她梦到一群小朋友来买学习用品，一天就把货都卖光了。她高兴极了，打电话让运货员送货，结果运货员说："厂里也没货啦，你只能再想别的办法。"

突然，一阵响亮的铃声把她吵醒了。狐狸格格一看，原来已经放学了，可她却睡了整整一个下午。她赶紧又大声吆喝起来："快来狐狸学习用品专卖店买东西呀！"一直喊到晚上，她才发现学校旁边还有一家卖学习用品的商店。她想：说不定小动物们都去那家商店买文具了。

于是，她悄悄地走过去，听到那家店的老板一会儿说要进货，一会儿又说去旁边的专卖店看看。狐狸格格听到这些，心里突然有了希望。

第三天，她早早地就开门了，等着旁边的老板来买东西。可是左等右等，一直等到中午，也没见人来。她出去一看，发现那家店正在卸新到的文具，原来旁边的老板也害怕她。没办法，狐狸格格又开始吆喝："来买文具啦，全场两元！"可喊了大半天，还是没有一只动物来，她的嗓子都喊哑了。

狐狸格格决定不再吆喝了。她想了个办法，穿上小丑的衣服在门口表演。她把小动物们喜欢的文具都装在兜里，打算等气球爆炸的时候，让文具都落下来吸引大家过来。这时，小羊知知刚从一家超市买完东西出来，看到前面很热闹，就想过去凑热闹。当它发现是狐狸格格在表演时，就说："狐狸格格，你有什么事就直说吧。"于是，狐狸格格拿下头套，把自己开店的难处一五一十地告诉了他。其他小动物们听了之后，被她的真诚打动，原谅了她以前的过错。

第四天，狐狸格格的专卖店生意突然火爆起来。一上午，店里的商品就被抢购一空，下午她又进了三次货，可还是有些小动物没买到，只能遗憾地离开。

这一天，狐狸格格赚了一万多元，她开心极了。

没过几天，狐狸格格生病了，在医院打针。几只小动物知道后，带着水果去看望她，希望她能早日康复，回去继续开店。

过了十天，狐狸格格的病好了，她又回到了专卖店。小动物们和狐狸格格都特别开心，森林里又充满了欢声笑语。从那以后，狐狸格格一直诚实守信，和小动物们成了好朋友。

评语：赵荣斌同学，你的故事写得非常精彩！你把狐狸格格从被大家排斥到被接受的过程描写得十分详细，情节很吸引人。通过狐狸格格的努力和改变，展现了一个充满温暖和包容的森林世界，主题很有意义。而且你把狐狸格格的心理变化、动作和语言都写得很生动，让读者能深切地感受到她的心情。不过，在描写狐狸格格表演小丑吸引小动物的部分，可以再增加一些细节，比如她表演了什么有趣的节目，小动物们的反应如何。另外，在语言表达上，有些地方还可以再润色一下，让文字更加优美动人。继续加油，你在写作上很有潜力！

小小和小白

朱宝婷（泰安市岱岳区山口镇中心小学 2019 级 2 班）

在森林的小区里，住着一只可爱的小白兔，她叫小白；还有一只小黑兔，她叫小小。小小原本叫小可，只是因为她比小白个头小一点，所以小白就给她起了“小小”这个名字。

小小是个特别节约的孩子，最看不惯浪费的行为。有一天，小白正在写东西，小小看到后，忍不住唠叨起来：“小白，不要浪费，你看你用了这么多笔，得浪费多少墨水呀！”小白不以为然地说：“好像一共用了十几支笔吧。”小小惊讶地瞪大了眼睛：“什么？你怎么用了这么多呀？太浪费啦！”

吃饭的时候，小小也总是提醒小白不要浪费食物，可小白每次都听得不耐烦。渐渐地，小白不喜欢和小小住在一起了，于是她决定离家出走。

小白离开后，和小松鼠小云住在一起。小云非常爱干净，小白也同样爱干净，她们在一起过得很开心。她们一起写作业、一起吃饭、一起洗澡，还一起玩耍。

可小小呢，没有了小白的陪伴，她觉得特别孤单。以前，每次吃完饭，小小都会提醒小白写作业，现在却没人听她唠叨了。小小实在太想念小白了，她决定去找小白和小云。

小小找了好久好久，可小白和小云住在高高的树上，她怎么也找不到。但小小没有放弃，每天都用心地寻找。

有一天，小云出门买东西，在路边看到了一张寻人启事，上面画着小小和小白。小云回去赶紧告诉了小白，小白这才知道小小一直在找她。

小白心里很感动，她决定和小云一起去找小小。最后，她们终于团聚了。经过这次分离，小白和小小更加珍惜彼此的友谊，她们约定以后再也不分开了。

教师评语：朱宝婷同学，你通过描写小黑兔小小和小白兔小白之间因为节约观念有分歧而发生的故事，展现了友谊的曲折与珍贵，这个角度很新颖哟！文章情节完整，把两个小动物的性格特点也表现得很清楚。不过呢，在描写小小寻找小白的过程中，可以多增加一些细节，比如小小在寻找时遇到了哪些困难，她是怎么克服的。还有小白和小小团聚时的场景，也可以写得更详细些，让大家能感受到她们的喜悦。这样文章会更有吸引力，继续加油！

小田鼠种泡泡糖

齐富丞（泰安市岱岳区山口镇中心小学 2019 级 2 班）

“今天，是播种的时间。”小田鼠说。田鼠奶奶叮嘱他：“你一定不要急，有什么就要种什么，千万不能贪。”小田鼠赶忙回应：“知道啦，知道啦，这话您都说了足足三年了。”

到了地里，小田鼠才发现自己没带种子。他想向别人要点儿，可又想起奶奶说的话——有什么种什么。

小田鼠思索片刻，掏了掏口袋，掏出一个泡泡糖，然后把它种到了地里。周围的小猴、小熊、兔子等许多动物见状，都哈哈大笑起来，纷纷说道：“看呀，小田鼠种泡泡糖啦。看看他到时候会怎样。”之后，他们便各自种起了植物。小熊种玉米，小猴种花生，小兔子种白菜。小猴施肥，小田鼠也跟着施肥；小熊浇水，小田鼠也跟着浇水；小兔子驱虫，小田鼠也跟着驱虫……

丰收的季节到了，其他动物都收获了自己种下的粮食。而小田鼠的泡泡糖却没有动静，可他并没有在意别人的收获，依旧继续浇水。

浇着浇着，砰的一声，仿佛发生了地震，小动物们都吓得落荒而逃。小田鼠看着眼前变大的泡泡糖，开心地大喊：“我种出泡泡糖啦！我种出泡泡糖啦！”

小猴和小熊一起对这个大泡泡糖进行了改造，它变成了一只热气球。当小动物们乘着泡泡糖热气球飞向蓝天时，大家齐声唱道：“小田鼠真厉害，种出了一只热气球……”

评语：齐富丞同学，你写的这个故事充满了奇思妙想！小田鼠种泡泡糖的情节特别有趣，让大家看到了小田鼠的坚持。而且故事里对其他小动物的描写也很生动，让整个故事丰富了起来。要是再多写一些小田鼠种泡泡糖时的心理活动，比如他当时是不是很期待、会不会害怕种不出来，这样故事就更精彩啦。继续加油！

乌龟慢慢

曹子怡（泰安市岱岳区山口镇中心小学 2019 级 2 班）

小乌龟慢慢总是幻想自己跑得和闪电一样快！他看看自己的身体，不禁叹了口气：“唉！我怎样才能跑得快呢？”

这句话被小猫花花听到了，花花说："我可以让你变快！"小乌龟顿时两眼放光，连忙问道："真的吗？"花花点了点头。慢慢兴奋地紧紧握住花花的手。

花花喊道："别握啦！好疼！"随后，他们来到山上，花花指着山下说："我们一起跑下坡。"

"三、二、一，跑！"花花一边跑一边喊，还提醒道："你跑不过我的！难道你忘了自己会滚？"慢慢听了，把四肢一缩，缩成了一个球，开始滚起来。花花故意说："哎呀！你跑得比我快！"缩在壳里的慢慢得意地笑了。

之后，花花故意跑慢些，还大声喊："慢慢赢了！"就这样，花花日复一日、年复一年地陪着慢慢练习，慢慢滚得连花花都追不上了……

今年，乌龟长跑大赛即将开始！花花对慢慢说："你去参加吧！你肯定能得第一名！"于是，慢慢就去参赛了。

比赛那天，花花在慢慢的额头上绑了一条红布条，上面写着："加油呀！夺第一！"慢慢看了，露出了笑容。

比赛开始了！

花花在看台上大喊："慢慢！加油啊！"

"嘟！"口哨声响起！慢慢缩起四肢，飞速地滚了起来。可是，前面有一些小石头挡住了路！慢慢只好改用四肢跑。到了下坡时，慢慢又被一只大乌龟撞倒，一下子成了最后一名。他决定放弃，可花花不顾一切地冲到赛道边，对着他喊道："你这么轻易就放弃，太对不起我了！更对不起你自己，你太让人失望了！"

花花的这番话，让慢慢想起了以前他们一起练习的快乐时光。

花花被工作人员拉走了。

慢慢缩起四肢，再次滚动起来，就像一个飞速旋转的轮子……最终，他以一分十五秒的成绩打破纪录，获得了第一名！

评语：曹子怡同学，你笔下的小乌龟慢慢和小猫花花太可爱啦！你把慢慢从渴望跑得快到参加比赛逆袭夺冠的过程写得十分精彩，尤其是比赛时的情节，紧张又刺激。要是在描写慢慢比赛时的心理变化上再下点功夫，比如他被撞倒时有多难过、决定放弃和重新冲刺时心里在想什么，故事就更能打动人啦。老师相信你下次能写得更棒！

听熊老师讲故事

孟凡舒（泰安市岱岳区山口镇中心小学 2019 级 2 班）

一天，小白兔、小狗、小猫和小刺猬都准备去熊老师家。

我好奇地问他们："你们去熊老师家做什么呀？"

小动物们回答："我们要去熊老师家听他讲故事。"

我连忙说："我也要去听熊老师讲故事。"

小动物们点点头，于是我们就一起前往熊老师家。

很快，我们就来到了熊老师家门口，敲了敲门。只见熊老师从里面走出来，问道："你们怎么都来啦？"

我们齐声说："熊老师，我们是来听您讲故事的。"

熊老师听了，开心地点点头，然后带我们来到卧室。我们一起坐在炕沿上，催促道："熊老师，您快讲吧。"熊老师笑着说："好好，马上讲。那我先给你们讲个《龟兔赛跑》的故事，再讲一个《猴子捞月》的故事。"

讲完这两个故事，大约下午两三点了。熊老师看时间还早，就又给我们讲了好多故事。其中，最让我难忘的是《铁杵磨成针》和《囊萤夜读》。很快，最后两个故事也讲完了，此时已经四点钟了。熊老师说："孩子们，现在已经四点了，老师今天有点事，你们明天再来听故事吧。"

我们回应道："好的，谢谢您，熊老师。"

评语：孟凡舒同学，你以第一人称的视角把去熊老师家听故事的过程写得很清楚呢！按照事情发展的顺序，让大家知道你们听了哪些故事，以及故事是在什么时间讲的。要是能把熊老师讲故事时的表情、动作，还有你们听故事时的反应写得更详细些，比如熊老师讲得绘声绘色，你们听得入迷的样子，文章就会更生动啦。继续努力！

月亮船上的小熊

孙梦涵（泰安市岱岳区山口镇中心小学 2019 级 2 班）

从前，有一个村子，村子里流传着一个传说：每到凌晨一点，月亮上就会出现一只小熊，看起来好像马上要掉下来。人们都说，如果看到这只小熊，就会有坏运气。

村里的人们从来不在凌晨一点出门，就算喝水也要拉上窗帘，把屋里弄得黑漆漆的。因为只要过了凌晨三点，小熊就会消失，而且小熊每次出现的时间都是两个小时，大家都觉得很奇怪。

可是，没有人向村长反映这个情况，就算有人说了，村长也觉得只要熬过那两个小时不出门就行了。

于是，人们每天都这样小心翼翼地生活着。

终于，有一个人不相信这个传说。夜晚，他出门看到了月亮上的小熊。结果第二天，他的运气就很差。大家都不知道是怎么回事，只有他自己心里清楚。

村长也看到了月亮船上的小熊，可他的运气并没有变差。

这到底是怎么回事呢？

评语：孙梦涵同学，你写的这个故事充满了神秘感，月亮船上的小熊一下就勾起了大家的好奇心！你把村子里关于小熊的传说以及人们的反应都写得很清楚。要是能在故事里增加一些对人物的描写，比如看到小熊的那个人当时是什么表情、心里在想什么，村长看到小熊时又有怎样的反应，故事就更有意思啦。期待你下次的作品！

小松鼠吉米的烦恼

陈婉心（泰安市岱岳区山口镇中心小学2019级2班）

在一片榛树林里，住着小松鼠一家，有松鼠妈妈、松鼠爸爸，还有一只多愁善感的小松鼠吉米。

一天清晨，松鼠妈妈兴奋地对吉米说：“我们全家一起去捡松果吧！”吉米却回答道：“我心情不好，不想去。”松鼠妈妈和松鼠爸爸只好自己去了。

吉米一个人在家玩了一会儿，觉得特别孤单，就出门了。他心情依旧不好，满心烦恼，连走路的劲儿都没有，于是找了个地方坐下来发呆。

这时，一只小泰迪熊路过，看到小松鼠吉米独自坐着，便问道：“你怎么啦？”吉米回答：“我心情不好，特别烦恼。”小泰迪熊又问：“你有什么烦恼的事呀？”吉米说：“我家菜地里的花生被仓鼠偷走了。”泰迪熊安慰道：“哎呀！吉米，你不用烦恼，现在不是有很多松果和榛子吗？这些都是你爱吃的食物呀。”吉米看了看泰迪熊，点了点头。

泰迪熊回家后，吉米又开始烦恼了，因为他的鞋子破了个洞，没法再穿了。就在这时，他听到了一个熟悉的声音：“不用烦恼啊！吉米，你不是一直想要一双红色的鞋吗？”原来是松鼠妈妈和松鼠爸爸回来了。

吉米连忙问爸爸妈妈：“我可以买新鞋子吗？”

松鼠妈妈温柔地说：“当然可以，吉米。我希望你能快乐起来，因为生活是美好的，到处都充满了希望。”

吉米听了，点了点头，似乎明白了什么……

评语：陈婉心同学，你把小松鼠吉米的烦恼写得很真实，很多小朋友都能从吉米身上找到自己的影子呢！故事里吉米和泰迪熊的对话也很自然。要是能把吉米心情变化的过程写得更细致些，比如他听到泰迪熊安慰后心情有没有好一点，发现鞋子破了时有多沮丧，这样大家就更能理解吉米啦。继续加油哟！

小猪修房子

王乐萱（泰安市岱岳区山口镇中心小学2019级2班）

一天傍晚，一阵狂风暴雨把小猪那原本就不结实的房子吹垮了。小猪没办法，只好跑到小鸟栖息的大树下面躲雨。树上的小鸟看到了，问道："你怎么不回家呀？"小猪无奈地说："我的房子被暴风雨吹垮了。"

小鸟借给小猪一把伞，小猪承诺："明天我就把房子修好。"

第二天，太阳都升得老高了，小猪还在呼呼大睡。小鸟飞过来看到他还没醒，便叫醒他："小猪，你该起来修房子啦！"小猪揉了揉眼睛，慢悠悠地睁开眼睛，又伸了个懒腰，说："我饿了，这会儿我要先去找些吃的，吃饱了才有力气干活。"说完，他就跑到果园里摘了好多果子，然后来到小溪边，边洗果子边吃。吃着吃着，小猪看到一条鱼在水里游，又跑去捉鱼玩。结果鱼没捉到，自己反倒浑身湿透了，于是他躺在地上晒太阳。等衣服晒干时，太阳也慢慢下山了。小猪心想：修房子的事明天再说吧，我明天早点起。

第三天早上，太阳刚露头，小猪就醒了。他把修房子需要的木材、瓦片等材料都搬了回来，看了一眼天空，觉得时间还早，就想着玩会儿再回来干活。于是，他跑到朋友家玩去了。等他回家时，发现天都快黑了。小猪又想：反正材料都运回来了，明天再弄吧。

第四天早上，小猪睡得正香，突然被一阵急促的脚步声惊醒。他看到小动物们都在四处逃窜，就去问猴子："大家都怎么了？发生什么事了吗？"

猴子告诉小猪："是老虎来了，大家都在往家里躲呢。"小猪看了一眼自己还没修好的房子，根本没地方可躲，吓得差点哭出来。这时候，猴子带着小猪一起爬到树上藏了起来。

老虎走后，小猪非常后悔，自己差点因为拖延而丢了性命。这下，小猪赶紧动手修房子，而且把房子修得非常牢固。

评语：王乐萱同学，你写的这个故事很有教育意义呢！把小猪一再拖延修房子的过程写得特别详细，让大家都明白了不能拖延的道理。如果在描写小猪的动作和心理活动时能再丰富一些，比如他去摘果子时的动作，每次说明天再修房子时心里是怎么想的，故事就会更精彩啦。老师相信你可以做到！

宝葫芦的新故事

张舒窈（泰安市岱岳区山口镇中心小学2019级2班）

王五是个好孩子，每次奶奶给他换衣服时，他都乖巧地在奶奶的帮助下换衣服，不像其他调皮、贪玩的孩子那样，死活不让奶奶换。而且，王五十分孝顺长辈。

有一天，王五正在帮劳累的奶奶摘自家种的葫芦。

突然，在没有风的情况下，一个黄澄澄、亮闪闪的葫芦使劲摆动起来，仿佛在喊着："万物——忘悟——王五！"

王五一愣，心想：这喊的不是我的名字吗？

他向四周看了看，又抬头望了望，确定不是别人的恶作剧后，便爬上去把这个葫芦摘了下来。

葫芦开口说道："我是一个神奇的宝葫芦，可以让你要什么就有什么。"

王五顿时惊讶极了，嘴巴张得大大的，好像能塞进一颗鸡蛋。不过，他很快从惊讶变成了激动和兴奋。他迫不及待地想拥有一辆滑板车、一包巧克力、一箱薯片……

这时，王五看到晾衣绳上那件又破又旧的衣服，那是奶奶的衣服。他隐隐约约记得，奶奶从他两三岁时起就开始穿这件衣服了。王五心里像打翻了五味瓶，他想：我应该先让宝葫芦变出一件适合奶奶穿的好看的衣服。

宝葫芦果然很神奇，王五刚许完愿，手上就出现了一件崭新的衣服。王五又惊又喜，赶紧把衣服送给了奶奶。

从发现宝葫芦的秘密那天起，王五和奶奶的生活变得幸福、美好起来。每当他们遇到困难，比如奶奶腰酸背痛、王五需要学习用品时，宝葫芦都会帮忙解决。

评语：张舒窈同学，你新编的宝葫芦故事很有新意！王五孝顺奶奶的品质特别让人感动，尤其是他先想到给奶奶变新衣服的情节，很温暖。故事里对王五的心理描写也很细腻，能让大家感受到他的变化。要是在宝葫芦帮助王五和奶奶解决困难的情节中增加一些细节，比如奶奶收到新衣服时的表情，后来遇到困难时宝葫芦是怎么发挥作用的，故事就会更丰富啦。继续加油！

从一堂课到一门课程

从一堂课到一门课程

《童声童话》校本课程的诞生，并非一朝一夕之功，它是我与同学们在三年的阅读写作时光里，一点一滴积累、提炼、打磨的成果。一切的故事，都要从三年前说起。

当我接手这个三年级的班时，心中一直在思索：对于小学阶段的孩子们来说，什么是最难攻克的难题呢？思来想去，答案还是作文。究竟该如何突破这一难关？反复思考后，我认定，只有通过多读多写，才可能让孩子们在写作上有所建树。

那时，我自己正坚持读书、写作，为何不以自己为榜样，带领同学们一同踏上读写之路呢？于是，在开学第一天，我在班里宣布了“三个一”生活化读写计划。

“三个一”计划其实很简单：每天阅读一小时、每天写一百字的日记、每天练字一个且写三行。这样，语文基本功的练习基本全部涵盖在其中了。为了激发大家坚持“三个一”计划的热情，我和同学们约定，我也会坚持每天读书一小时、每天写作一千字，并且每天写一首古诗发在朋友圈。我始终相信，最好的教育是教师以身作则，走在前面，学生紧跟其后。毕竟，行动远比言语更具说服力。

三年级的学生刚从二年级升上来，对他们而言，写一篇完整的文章如同攀登高峰一般困难。平时写日记，大家记录日常生活，很容易写成流水账。怎样才能提升他们的语言表达能力呢？我想到许多名家的写作之路都是从模仿起步的。那么，不妨带领他们读童话、写童话。以童话创编作为突破口，这样不仅能用真善美的故事为孩子们的心灵涂上甜蜜亮丽的底色，还能让他们在模仿中逐步体会创作的快乐，进而磨炼写作技巧，形成独特的写作风格。

很多农村的孩子从未有机会在爸爸妈妈的睡前故事中进入甜美的梦乡，很少有同学能伴着“王子与公主从此幸福地生活在一起”的美好故事入睡。那就由我来填补这份遗憾吧！我找来丰富的童话资源，利用学校兴趣小组的时间，组织同学们阅读童话。有时，我还会忍不住绘声绘色地给同学们讲述。一节课下来，五六个童话故事读完、讲完，同学们却还沉浸其中，意犹未尽。

到了第二节课，大家依据刚读过的童话故事，自由发挥、自由创作。可以用自己的语言复述某个故事，也可以修改结尾或情节，还能把几个故事串联起来。如果对这些都不感兴趣，自己创作一个全新的故事也完全没问题。总之，我们没有过多限制，大家随性讲述、随意写作，畅所欲言，只要写得开心就好。

写完故事后，同学们回家讲给家人听，然后让家长帮忙整理成电子稿，发到班级群里。我再进行整理，发布在公众号上，让更多的人阅读、点赞，进一步激发同学们的写作兴趣和热情。每次主题写作结束，我都会将同学们的作品整理成一本班级书，编辑后让大家收藏留念。到他们毕业时，我足足整理了七十余本班级书。

“讲童话，写童话”活动坚持了两年多，我们一起读了二百多个童话故事，每个同学都写了一百多个童话。到学期末，同学们精心整理自己的作品，结集成书。最后，我们整理出了《我的第一本书》《童年不同样》《童年留声》等属于同学们自己的书籍，这既是他们学习语文的成果，也是童年给予他们的珍贵馈赠。

“读童话，写童话”活动的意义，不只是培养和提升孩子们的写作能力，它还具有心理疗愈的作用。在阅读同学们创作的童话时，我常常以心理咨询师的视角去洞察他们的内心世界。同时，根据发现的问题，有针对性地对同学们进行心理抚慰和引导。

可以说，通过持续开展这两个语文专题活动，如今，全班同学都能在一节课内流畅地写出一篇四百字以上的文章，更有不少学生能洋洋洒洒下笔千言，写完后意气风发，自信满满。

我坚持童话写作到现在，实现了最初的设想，班里的同学们成功攻克了作文这个“老大难”。更重要的是，三年来，“我手写我心”的自由写作模式，让写作成为每个学生基于生命的真实表达方式。在那些充满生命气息的文字里，展现出的不仅是或朴实或绚丽的文采，更多的是童年里灿烂的阳光和飞扬的笑声，令人深受触动。

我们这三年倡导的“多读多写，共读共书”理念，在关注阅读的同时，借助写作促使同学们坚持广泛而丰富的阅读。因为只有自由地阅读，才能真正激发同学们的阅读兴趣；只有自由地写作，才能真正点燃他们的写作热情；也只有自由地读写，他们才能在文字的广阔天地里自由驰骋，抒发自己的真情实感。

如此一来，作文取得高分不过是自然而然的结果，而基于生命的自由且充沛的表达，才是学生们最宝贵的收获。也只有这样，阅读和写作才真正有可能融入他们的生活，成为生活的一部分。这样，当他们走出校门后，才更有可能再次捧起书本、拿起笔，让书和笔成为他们生命中最亲密的伙伴。

从一次课堂的尝试，到一门课程的开发；从一间教室的实践，到一所学校的推广。在岱岳区全学科育人理念的引领下，在学校张校长的大力支持下，基于前期丰富的实践经验和探索成果，我开发了《童声童话》校本课程。依托这一课程，我尝试以童话读写为切入点，将“读童话，写童话”“多读多写”的教学策略在全校推广开来。

《童声童话》校本课程的编写，旨在让每一个孩子在读童话、议童话、讲童话之后，都能写出属于自己的童话。通过这样的路径，引领更多同学爱上童话，进而爱上阅读和写作。我们有充分的理由相信，在区教研室的专业指导下，在学校全体同仁的共同努力下，《童声童话》这一校本课程将在岱岳教育这片土地上，与孩子们的童年紧密相连，让他们把日子过成童话，把生活写成童话。

那时，每个孩子的生命都将如童话般天真，纯粹而美好！

“九本书”见证从童话到成长的读写之旅

在一个再平常不过的周五，早自习和两节课结束后，我坐在电脑前，再次打开同学们本学期的最后一篇文章——《毕业了，我想对……说》。昨天下午没来得及全部整理完，今天我打算用一节课的时间完成这项工作。

最后一篇文章依旧是主题写作，临近毕业，我想以书信的形式，让同学们向最亲近的人倾诉知心话。有点遗憾的是，即便我反复催促，还是有五位同学未提交作品，所以这次我只能整理三十九位同学的文章。

同学们的文章，每一篇都饱含着他们的心里话。从三年级开始，我就对他们提出要求，写作不是为了追求分数，而是要面对自己的内心，用最真诚的文字表达最真挚的情感。正如杜威所说：“不是自己的思想并不算思想。”我也认为，不是发自内心的写作，算不上真正的写作。

从三年级起，我和同学们共读共书，整理他们的作品也成了日常中一项重要的工作。最初，大家把电子稿发在群里，我逐个采集；如今，我借助接龙管家来收集，工具的更新不仅提高了效率，也让全班同学更积极地参与其中。

在这里，我真的要诚挚地感谢各位家长！若没有他们三年来的理解与配合，每个学生能写出几万字甚至十几万字的作品根本无从谈起。如果没有家长从三年级开始帮忙整理电子稿，每个同学“出书”的梦想恐怕也难以实现。

还记得刚开始整理作品时，大家都不太熟练，同学们刚接触自由写作，文字略显粗糙，发在群里的文章收集后修改起来非常困难。有时候，一节课我连四篇作文都改不完，而同样的时间，我自己却能完成一篇两千字的文章。即便如此，我还是坚持了下来，因为我坚信坚持的力量，更相信孩子们成长的潜力。

果然，到了四年级，同学们的作品有了质的飞跃。文从字顺的文章越来越多，感情真挚、表达细腻的佳作也不断涌现，此时，让每个同学出一本书的时机成熟了。

恰好那段时间我们是居家学习，时间相对充裕。于是，一家人共同参与，根据我整理的班级书，每个学生着手“出版”属于自己的作品集。我把这个设想发布出来，并在线上家长会上详细说明，在大家制作作品集的过程中，我也会耐心地给予指导。四年级上学期快结束时，同学们的书“隆重问世”。

其中，《我的第一本书》这个名字简单直白，却意义非凡，它承载着对同学们写作之路的重要纪念。

老子说：“一生二，二生三，三生万物。”第一本书成功“出版”后，第二本自然也接踵而至。那年寒假，我们没有停下读书、写作的脚步。寒假结束时，我在公众号上写了六万多字的文章，同学们也都写了几千字甚至上万字的寒假日记。

开学后，我发出倡议，希望大家整理自己的寒假日记，出版我们的第二本书。得益于家长们的热烈响应和积极参与，同学们的第二本书在百花盛开的三月与大家见面了。

这里所说的“出版”，并非真正意义上的正式出书，而是我们将作品整理成电子书。虽然不正式，但我们很郑重其事，成立了属于我们的“雏鹰出版社”，因为我们是雏鹰中队。

为什么要把学生的作文整理成一本本书呢？

在带领同学们写作的过程中，我发现他们的作品虽然尚存稚嫩的气息，但充满了童真童趣，洋溢着最纯真、最充沛的生命热情。如果任由这些文字被遗忘，实在是太可惜了，所以我选择将它们收集起来。毕竟，每个人的人生不是由度过的岁月简单堆砌而成，而是由那些被记住的日子组成的。

我还希望通过“出版”这种形式，增强大家的作品意识。同学们的作品虽然只是练习之作，但每一篇都值得珍视。在自由写作的这三年里，他们写下的每一个字都无比真诚，没有丝毫的假话、空话、套话和废话。这样的文字，哪怕不够精致，却充满了可爱之处，值得永久珍藏。

从第三本、第四本，一直到第五本……在出书的道路上，我们一路前行，收获满满。从三年级的童话创作到五年级的主题写作，我们的写作内容由虚幻的童话世界逐渐走向现实生活。在童话王国遨游两年后，五年级时，同学们带着通过童话写作积累的经验，轻松踏入现实题材写作的领域。

无论是叙事还是描写，得益于由童话写作培养的能力，同学们在现实题材写作中轻松入门，写起来得心应手。不管是偶尔出现的两三千字的长文，还是平常五六百字的短文，大家都秉持着“我手写我心”的原则，用文字抒发自己的真情实感。这样的写作方式，有助于养成他们自由表达的习惯。对我们来说，作文分数不是最终目标，真正的写作能力才是最宝贵的收获。临近毕业，在之前八本书的基础上，我提出整理三年作品合集的想法，得到了同学们和家长们的积极响应。

这九本书，对于同学们的童年回忆和语文学习而言，每一本都意义重大，值得永远珍藏。它们见证了每位同学从童话写作起步，逐渐成长为能够自由表达的小作家的过程，也见证了我们在读写之路上的探索与收获。

友谊的魔法:《夏洛的网》童话读写教学案例

（适用五年级）

一、设计理念

《夏洛的网》是一部充满温情与哲理的经典童话，其教学实践对于五年级学生的成长和语文素养的提升意义非凡。本次教学秉持“趣味引领、读写融合、素养提升”的设计理念，致力于为学生打造一场精彩的语文学习之旅。

考虑到五年级的学生活泼好动、好奇心强的特点，教学时以趣味十足的情境、问题和活动切入，如展示有趣的图片引发疑问、开展角色扮演辩论赛等，激发学生的学习兴趣和探索欲望，让他们主动走进故事世界，沉浸在语文学习的乐趣中。

阅读是吸收，写作是表达。在教学过程中，将阅读与写作紧密结合，引导学生通过深入阅读故事片段，分析角色关系、情节发展和写作手法，汲取写作养分。随后，安排一系列有针对性的写作任务，让学生将在阅读中所学到的知识和技巧运用到实际写作中，实现读与写的相互促进，共同提升。

在教学中，不仅注重学生语文知识和技能的培养，更关注学生思维能力、想象力、创造力以及情感价值观的发展。通过创意表达活动，如设计自然符号救援道具、进行跨媒介呈现等，锻炼学生的创新思维和实践能力。同时，在对

“友谊”与“生命互助”主题的探讨中，引导学生树立正确的价值观，培养他们珍视友谊、关爱他人的美好品质。

二、教学目标

（一）理解主题：引导学生通过分析故事中角色之间的关系，深刻体会“友谊”与“生命互助”的深刻意义，感受人性的美好。

（二）学习写作技巧：帮助学生掌握象征手法在写作中的运用，学会设计富有寓意的自然意象，提升写作能力。

（三）创意表达：鼓励学生通过手工制作、剧本创作等跨媒介活动，从多个维度展现对故事的理解，培养创新思维和综合素养。

三、教学准备

（一）材料：准备好书籍节选片段打印页面，方便学生阅读；制作彩色任务单，增加任务的趣味性；准备毛线、彩纸等手工材料，用于创意手工活动；制作角色卡，方便学生进行角色扮演和辩论赛。

（二）工具：准备“蜘蛛网”思维导图模板，帮助学生梳理故事脉络；准备分镜脚本空白格稿纸，为学生创作漫画和剧本提供便利。

四、教学过程

第一课时：友谊的魔法网

环节一 疑问启动

（一）情境导入

同学们，今天老师给大家带来了两张特别有趣的图片！（展示“蜘蛛结网”“小猪威尔伯”的图片）大家看，图上这只小小的蜘蛛和胖乎乎的小猪，它们看起来好像没什么联系。可是，在一个神奇的故事里，这只蜘蛛居然拯救了小猪的生命！你们能想象这是怎么做到的吗？它们之间又会发生怎样奇妙的故事呢？

（二）自由联想

大家开动脑筋，用“如果”句式来大胆猜测一下故事情节吧！比如“如果威尔伯会说话，它会对蜘蛛说些什么呢？”或者“如果蜘蛛织出的网有特殊的魔法……”

大家畅所欲言，看看谁的想法最奇妙！

环节二 共读共探

（一）精读片段

现在，请大家翻开手中的书籍节选片段，找到威尔伯初次遇见夏洛的部分。这可是故事的关键情节！大家一边读，一边把夏洛帮助威尔伯的句子用铅笔轻轻画出来。（学生阅读、画句子）大家都画好了吗？

（二）辩论游戏

接下来，我们要用角色卡片来玩一个有趣的辩论游戏。每个小组分别扮演夏洛和威尔伯的支持者，围绕下面的问题进行辩论：夏洛为什么要帮助威尔伯呢？大家要结合文中的细节来说，这样才能让自己的观点更有说服力！

（三）主题提炼

同学们的辩论都太精彩啦！现在，我们一起来完成一张“友谊能量图”。就像这样，用箭头把“夏洛做了什么→威尔伯感受到了什么→改变了他的什么”连接起来。比如，夏洛织出带有字的网，威尔伯感受到了温暖和希望，这改变了他可能被宰杀的命运。

大家一起来思考，我们共同完成这张图。

环节三 沉浸写作

同学们，我们读完这么精彩的故事，现在也来当一回小作家吧！这里有三个有趣的写作任务，大家可以三选一。

任务 A：替威尔伯写一封感谢信给夏洛。开头老师已经给大家提示啦：亲爱的夏洛，你织出的第一句话让我……大家想一想，威尔伯会对夏洛说些什么呢？把心里的感激都写出来吧！

任务 B：假设夏洛没有出现，那还有谁能帮助威尔伯呢？请大家设计一个新角色，这个角色得是自然物，比如“会飞的蒲公英”。想一想，它会用什么方法帮助威尔伯呢？

任务 C：画一张“友情温度表”。用折线图来表现夏洛和威尔伯友谊变化的关键事件，温度上升代表友谊加深，温度下降代表遇到困难。看看谁画得既准确又有创意！

环节四 作品分享

“刚才看到大家如此热情地创作自己的故事，老师好期待大家的作品！现在，让我们一起分享自己创作的故事吧！”

学生自由分享，师生评价。

第二课时：故事的另一张网

环节一 象征发现

（一）对比观察

同学们，我们来玩个小游戏！老师这里有两张图，一张是真实的蜘蛛网图片，另一张是书中“王牌猪”“了不起”文字网的图片。大家仔细对比、观察，想一想，为什么人类看到蜘蛛网上出现字会那么震惊？如果网上的字不是这些，而是“危险快逃”，故事又会怎样发展呢？大家可以和同桌小声讨论一下。

（二）概念学习

同学们讨论得真热烈！现在老师给大家举个例子，就像我们一看到冰激淋，就会想到夏天，看到红旗就会想到胜利。这种用具体事物代表抽象含义的方法，在写作中就叫“象征”手法。大家明白了吗？在生活中，我们也能发现很多这样的例子呢！

环节二 创意编织

◆ **任务**

拯救计划：现在农场里出现了新的状况！小鹅陷入危险啦！同学们，发挥你们的聪明才智，为小鹅设计一个“自然符号救援道具”吧！

◆ **步骤**

先从自然现象里选一个符号，像彩虹、萤火虫都可以；然后，在任务单上认真填写"符号名称 + 代表含义 + 救援方法"。比如：萤火虫之光→代表希望→指引逃生路径。

大家开始动手设计吧，看看谁的想法最有创意，能成功拯救小鹅！

环节三 跨媒介呈现

"接下来，我们要进行一场创意大挑战！每个小组 3~4 人，从下面三个有趣的形式里任选一种来展示你们对故事的理解。"

A. 分镜小剧场：把"集市比赛"的情节改编成四格漫画。在漫画中，别忘了用对话框补充角色的心理活动，让大家一看就知道角色在想什么。

B. 声音故事盒：用教室里的物品来模拟环境音，比如抖动书本可以当作风声。然后，给故事里的关键对话片段配音，看看哪个小组的声音最有感染力，能把故事生动地展现出来。

C. 毛线叙事网：用彩色毛线在纸盘上编织一张"网"，然后把你们自创的救援符号标签粘贴在网上。一边编织，一边讲述你们的创意故事。

环节四

学生展示，师生互评。

五、课外拓展

（一）主题回顾：快乐的学习时光就要结束啦，不过我们还有一个超有趣的活动——"故事金句"贴纸墙。每位同学都想一想，在这个故事里，哪句话让你感触最深，把它写在贴纸上，然后贴到贴纸墙上，比如"生命因为有你在而不同"。看看我们的贴纸墙会变成什么样的"金句宝库"。

（二）延伸建议：课后，大家可以去观察校园里的蜘蛛网，把看到的、想到的写进“自然日记”里。另外，我们还可以把设计的救援符号收集起来，改编成属于我们自己的班级童话集——《农场奇妙物语》，说不定大家还能成为小作家呢！

六、教学评一体

（一）理解力：看看同学们在写作中有没有体现出“互助”这个主题。如果能在故事中展现互助精神，或者在自己设计的情节里表现互助精神，那就说明理解得很不错！

（二）想象力：观察大家设计的自然符号，是不是特别新颖，而且还很有象征意义。如果这个符号让人眼前一亮，还能很好地表达含义，那想象力这一项肯定能得高分！

（三）参与度：在小组合作的时候，看看每个小组有没有明确的分工，大家是不是都积极地贡献了自己的创意。如果每个同学都在小组里发挥了作用，那参与度就很高啦！

诚实与责任:《木偶奇遇记》童话创意读写教学案例

（适用五年级）

一、设计理念

本案例以《木偶奇遇记》为依托，旨在全面提升五年级学生的语文素养。以趣味游戏和视频导入，契合学生的好奇心理，激发他们对故事的兴趣，自然地引出“诚实与责任”的主题。通过共读片段、梳理情节、分析角色心理，引导学生深入理解故事内涵，培养逻辑思维与共情能力。创意写作环节，提供多样化支架，分层指导，满足处于不同认知水平的学生需求，提升写作能力。戏剧工坊鼓励学生自编自演，在实践中锻炼表达力与创造力，增强团队协作能力。

在教学过程中，注重学生的主体地位，将阅读、写作、表达、跨学科思维融合起来，同时结合过程观察、作品评价和拓展任务，实现教学评一体化，助力学生在文学体验中深化对诚实与责任的认知，实现知识与品德的双重成长。

二、教学目标

（一）引导学生学习如何通过动作、语言描写来塑造鲜明的角色性格，同时模仿故事中的夸张手法，让自己的表达更具趣味性和吸引力。

（二）深入分析匹诺曹说谎时的心理动机以及产生的后果，培养学生辩证思考问题的能力，并联系生活实际，深入探讨诚实的重要价值。

（三）鼓励学生通过绘画、续编故事等形式，展现对匹诺曹成长历程的独特理解，体会童话中幽默的语言风格以及所蕴含的哲理美。

（四）帮助学生了解意大利童话的文化背景，对比中外同类故事，如《狼来了》，感受拥有不同文化的创作者在表达“诚实”主题时的差异，拓宽文化视野。

三、教学准备

（一）文本材料：准备《木偶奇遇记》的精选片段并配上插图，方便学生阅读；收集卡洛·科洛迪的简介，让学生了解作者；准备拓展阅读材料《狼来了》的故事，用于对比分析。

（二）多媒体：准备动画片段《匹诺曹说谎》用于课堂播放，利用电子白板展示学生作品，方便交流分享。

四、教学过程

（一）趣味导入，点燃好奇心

1. 互动游戏：“真话大冒险”

老师微笑着走进教室，对同学们说：“同学们，今天咱们来玩个有趣的游戏，叫‘真话大冒险’。老师想问大家，有没有同学曾因说谎闹过笑话呀？大家可以自愿站起来分享（老师承诺不点名哟）。”

这个问题瞬间激发了同学们的兴趣，大家纷纷开动脑筋，有些同学开始小声和同桌交流。通过分享，顺其自然地引出“谎言”这个话题。

2. 视频激趣

老师播放“匹诺曹鼻子变长”的动画片段，同学们都目不转睛地看着屏幕。

播放结束后，老师提问：“大家知道匹诺曹的鼻子为什么会变长吗？如果是你，遇到这种情况会怎么解决呢？”

同学们积极举手，分享自己的想法。

3. 猜想续编

老师让同学们分组讨论“长鼻子后续”的故事。同学们热情高涨，在小组内你一言我一语地讨论。讨论结束后，每组派代表用一句话分享他们的奇思妙想，比如“用长鼻子搭桥救人”“被小鸟当成大树筑巢”，教室里充满了欢声笑语。

（二）共读片段，深挖内涵

1. 情节梳理

老师让同学们默读“匹诺曹鼻子变长”的片段，然后给每个同学发几张卡片，上面写着不同的事件。老师说：“同学们，现在请大家用‘时间＋事件’的方式，给这些卡片排序，比如‘说谎→鼻子变长→求助蓝仙女→承认错误’，然后把它们粘贴成‘成长时间轴’。”同学们认真地阅读故事片段，仔细思考，很快就完成了排序。

2. 角色心理镜

老师提出一系列问题：“匹诺曹为什么要说谎？”“鼻子变长时他是什么心情？”“蓝仙女为什么选择原谅他？”

引导同学们深入思考角色的内心世界。

同学们分组讨论，用“心情气泡图”标注角色的情感变化。讨论结束后，每组派代表用肢体动作表演“心虚—害怕—后悔—决心改正”一系列的状态，其他同学认真观看，感受角色的情感起伏。

3. 主题思辨

老师组织全班进行辩论——说谎一定是坏事吗？

同学们分成正反两方，各抒己见。老师在旁边适时引导，帮助同学们理解“善意的谎言”与“逃避责任的谎言”的区别，让同学们对“诚实”有更加深刻的认识。

（三）创意写作，妙笔生花

1. 写作支架

老师在黑板上展示两个写作题目：“匹诺曹的另一个谎言”——想象他因其他事情说谎，鼻子会发生什么变化？如何解决？“如果我是匹诺曹”——面对诱惑时，我会怎么做？

老师提供“魔法词库”，其中有描写慌张的成语，如“坐立不安”“语无伦次”，以及夸张的比喻，如“鼻子像藤蔓一样疯长”，帮助同学们丰富写作词汇。

2. 分层指导

对于基础较弱的学生，老师提供“故事山”模板（开头→发展→高潮→结局），帮助他们搭建写作框架，让他们更容易上手。

对于能力较强的学生，老师鼓励他们增加环境描写，比如“窗外的雨滴像是在嘲笑他”，让作文更加生动形象。

3. 互评共赏

（1）同学们完成作文后，互相交换阅读。

（2）老师给每个同学发“星星（优点）与火箭（建议）”贴纸，让大家用贴纸标注出同学作文中的优点，并给出改进建议。

（3）每个小组推荐佳作，在全班朗读分享。

（四）戏剧工坊，绽放光彩

1. 即兴剧场

老师给每个小组发放情景卡，上面写着不同的情景，如“匹诺曹考试作弊”“弄坏花瓶却撒谎”。同学们根据情景卡，自编对话并表演，重点表现“说谎—被发现—改正”的过程。大家积极地投入表演，教室里充满了热闹的气氛。

2. 创意道具秀

同学们用上自制的“长鼻子”“诚实勋章”等道具，让表演更加有趣。表演结束后，全班一起评选“最佳表情奖”“最有创意结尾奖”，对表现出色的小组和个人进行奖励。

3. 成长宣言

最后，全班齐读改编版《诚实公约》——“我要像匹诺曹一样，用诚实的心照亮成长的路！”让诚实的信念深深扎根在同学们的心中。

4. 好书推荐

要求学生制作《木偶奇遇记》手抄报，标注“诚信金句”，加深对故事的理解和对诚信的认识。

五、教学评一体

（一）过程观察

在课堂讨论、表演等活动中，老师认真记录学生的参与度和创意表现，并关注每个学生的课堂表现。

（二）作品评价

写作：重点评价学生作文中的想象力、细节描写是否生动以及与主题的契合度。

手工：从创意、美观度以及数学知识运用这三个方面对学生制作的“诚实勋章”进行评分。

（三）拓展任务

家庭访谈：让学生回家询问家长“小时候是否说过谎？如何改正？”并撰写访谈记录，培养学生的沟通和记录能力。

敲开命运之门:《丑小鸭》童话创意读写教学案例

（适用六年级）

一、设计理念

《丑小鸭》作为安徒生的经典童话，以其独特的魅力和深刻的内涵，成为六年级语文教学的优质素材。六年级学生正处于身心快速发展的阶段，对世界充满好奇，并乐于思考，此故事能满足他们的精神需求。

故事生动地展现了丑小鸭从被排斥到蜕变的历程，蕴含成长、自我认同与坚守梦想等主题，与学生成长经历紧密相连，极易引发情感共鸣，激发他们对自身成长的反思。老师在教学中，通过对故事的深入解读，引导学生体会优美的语言，学习运用修辞手法，培养语言表达能力；借角色分析与主题探讨，锻炼批判性思维与同理心；以创意写作、戏剧表演等活动，激发想象力与创造力，提升审美和文化理解力，助力学生语文素养与综合能力的全面提升。

二、教学目标

（一）学习并运用故事中形象生动的语言表达方式，如比喻、拟人、排比等修辞手法，提升语言表达的丰富性和感染力；模仿故事中的对话描写，展现角色的性格特点。

（二）通过多角度分析丑小鸭及其他角色的行为动机和情感变化，培养批判性思维和同理心；从故事中提炼观点，锻炼归纳总结和逻辑推理能力。

（三）根据对《丑小鸭》的理解，发挥想象力，通过绘画、手工制作或创意写作等方式，展现对故事中美好事物的独特审美；体会故事中蕴含的情感美和哲理美，提升审美鉴赏能力。

（四）了解安徒生童话的创作背景和文化内涵，感受丹麦文化在故事中的体现；对比不同国家成长主题的童话故事，理解文化的多样性。

三、教学准备

（一）准备《丑小鸭》的原文文本、精简版的故事剧本以及相关的拓展阅读资料，如安徒生的生平介绍、安徒生其他童话中的片段等；制作包含故事关键情节的图片和文字解析的 PPT。

（二）利用多媒体设备播放与《丑小鸭》相关的动画视频、音乐片段，增强学生的直观感受；借助电子白板展示学生的作品、思维导图等，方便学生分享、交流。

四、教学过程

（一）趣味导入，引发兴趣

1. 猜谜导入：老师给同学们出个谜语："头戴红帽子，身穿白袍子，走路摆架子，说话伸脖子。"（谜底：鹅）

老师追问："大家知道小鹅小时候的样子和小鸭子小时候的样子很像，要是你的身边有一只长得奇怪的'小鸭子'，会发生什么有趣又特别的事呢？"

（学生自由回答）

2. 视频引入：老师播放一段《丑小鸭》的动画片段，选取丑小鸭刚出壳，因为长相怪异被其他小鸭排挤的情节，播放结束后提问："同学们，你们看这只小鸭子和其他鸭子长得不一样，它看起来好难过，大家猜猜接下来它会遇到什么事呢？"激发学生对故事的好奇心。

3. 分享交流：让学生们说一说自己小时候有没有因为和别人不一样，而遭遇特别的事情，引导学生初步感受"与众不同"可能带来的影响，为理解故事做铺垫。

（二）精读故事，深入理解

1. 初读故事，梳理情节

学生自由朗读《丑小鸭》的故事文本，读完后老师引导学生一起梳理故事的主要情节，如丑小鸭出生、被鸭群嫌弃、离开家后的种种遭遇、最后变成白天鹅等。

老师在黑板上画出简单的时间轴，让同学将关键情节填写在时间轴上，帮助他们清晰地把握故事脉络。

2. 角色分析，体会情感

老师提出问题，引导学生分析故事中的角色。比如："丑小鸭在面对大家的嘲笑和欺负时，心里是怎么想的呢？从哪些地方可以看出来？""鸭妈妈、其他小鸭、母鸡等角色对待丑小鸭的态度是怎样的？这反映了它们怎样的性格特点？"

让学生通过小组讨论的方式，深入分析角色的心理和性格，然后每个小组选派代表分享讨论结果。

3. 主题探讨，深化理解

组织全班学生进行讨论，探讨《丑小鸭》这个故事的主题。老师提问："同学们，读完这个故事，你们觉得它想告诉我们什么呢？"

鼓励学生积极发言，从不同角度阐述自己对故事主题的理解，如成长的挫折、坚持梦想、不要以貌取人等。老师对学生的观点进行总结和补充，帮助学生更全面、更深入地理解故事的内涵。

（三）创意写作，拓展思维

1. 写作引导，明确要求

老师展示两个写作主题："丑小鸭变成白天鹅之后"和"假如我是丑小鸭"，让学生选择其中一个主题进行写作。

在写作前，老师进行写作指导，强调要运用环境描写、心理描写等方法，使文章更加生动、有趣。比如："同学们在写丑小鸭变成白天鹅之后，可以想象一下它生活的环境会有什么变化？它遇到以前欺负过它的小动物时，心里会怎么想？会怎么说？"

同时，老师在黑板上列举一些环境描写和心理描写的词汇、短语，为学生提供写作思路。

2. 学生写作，老师指导

学生开始写作，老师在教室里巡回观察，及时发现学生在写作过程中遇到的问题，并给予指导和帮助。对于写作有困难的学生，老师可以引导他们先确定写作的大致框架，再逐步填充内容；对于写作速度较快的学生，老师可以鼓励他们对文章进行修改和完善，增加细节描写，让文章变得更加精彩。

3. 分享交流，共同进步

选取部分学生的作品进行分享，让学生先朗读自己的文章，其他同学认真倾听并思考。读完后，同学们从文章的内容、描写手法、主题表达等方面进行评价，发现优点并给出改进的建议。老师对学生的评价进行总结和补充，引导学生学习他人的优点，改进自己的不足。

（四）戏剧表演，展现创意

1. 分组排练，准备表演

将学生分成若干小组，每个小组根据《丑小鸭》的故事片段进行短剧表演排练。老师为每个小组发放故事剧本和表演道具，提醒学生在表演时要注意角色的语言、动作和表情，尽量展现出角色的特点。

各小组在组长的组织下，分配角色、熟悉台词、设计动作，并进行紧张的排练。

2. 小组表演，展示风采

每个小组依次上台表演，其他小组的同学认真观看。在表演过程中，同学们可以欣赏精彩的节目，感受不同小组对故事的独特演绎。

表演结束后，老师引导学生从表演的完整性、角色塑造的生动性、团队协作与沟通顺畅与否等方面对表演小组进行评价，肯定他们的努力和创意。

3. 总结分享，深化感悟

全班一起回顾整个表演过程，老师提问："通过这次表演，大家对《丑小鸭》这个故事又有了哪些新的理解和感受呢？"

学生自由发言，分享自己在表演和观看表演的过程中的收获。

老师对学生的发言进行总结，再次强调故事的主题和意义，引导学生将故事中的道理运用到实际生活中。

五、教学评一体

（一）过程性评估：观察学生在课堂讨论、小组合作、写作和表演过程中的参与度、表现情况，记录学生在积极发言、创意想法、团队协作等方面的表现；通过课堂提问，了解学生对故事内容、角色分析、主题理解的掌握程度。

（二）成果性评估：对学生的作品从内容丰富度、描写手法的运用、主题表达清晰度等方面进行评价，给出相应的等级和评语；对学生的戏剧表演从表演完整性、角色塑造是否生动、团队协作的默契度等方面进行打分评价；对学生创作的美术作品从创意、技巧、与故事的契合度等方面进行评估。

（三）拓展性评估：布置课后拓展任务，如让学生收集其他关于成长的故事并分享，观察学生在拓展任务中的完成情况和收获；鼓励学生将《丑小鸭》的故事讲给家人听，了解学生对故事的掌握和表达能力。

我的 B612 星球:《小王子》童话创意读写教学案例

（适用六年级）

一、设计理念

《小王子》作为一部经典童话，蕴含着丰富的人生哲理与情感内涵，对六年级学生的成长和语文素养的提升具有重要意义。在本次教学中，秉持“以学生为本，读写融合，思维拓展”的理念，旨在为学生搭建一座通往文学与生活的桥梁。

六年级学生处于形象思维向抽象思维过渡的阶段，他们充满好奇心和想象力，渴望探索未知世界。在教学中，通过创设趣味性的情境任务，如猜谜游戏、设计星球档案等，激发学生的学习兴趣，让学生在积极主动的状态下投入学习，满足他们对新奇事物的探索欲。

“读写融合”，即阅读是写作的基础，写作是阅读的升华。在教学过程中，引导学生深入阅读《小王子》，从书中汲取丰富的写作素材和表达技巧。通过分析书中的象征意象、角色对话，让学生理解如何用生动的形象来表达抽象的情感，如何通过对话展现人物性格和推动情节发展。之后，安排一系列写作实践活动，如绘制意象地图、设计对话、创作星球档案等，引导学生将在阅读中获得的感悟和技巧运用到实际写作中，实现阅读与写作的有机结合，相互促进。

注重培养学生的批判性思维和创造性思维。借助金句辩论赛、问题接力赛等活动，鼓励学生对书中的观点进行思考，提出疑问，让学生学会从不同的角度看待问题，提升批判性思维能力。在构建个性化“星球世界”的过程中，充分发挥学生的想象力，打破常规思维模式，培养创造性思维，让学生在创作中展现出独特的见解和创意。

二、课时安排

3 课时

三、教学目标

（一）引导学生深入理解《小王子》中各种意象的象征意义，学会通过童话形象体会抽象情感的具体表达方式。

（二）借助书中角色的对话，培养学生提问与反思的能力，提升批判性思维，引导学生从不同的角度思考问题。

（三）鼓励学生发挥想象力，构建个性化的“星球世界”，完成逻辑连贯、情节有趣的童话创作，锻炼写作能力。

四、教学准备

（一）材料准备:《小王子》图书若干本、提前制作好星球档案卡模板、彩笔、黏土、多媒体课件。

（二）预习任务：布置学生阅读《小王子》前五章的内容，在阅读过程中，把自己“看不懂但觉得有趣”的句子摘录下来，至少 3 句。

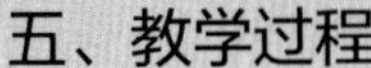

五、教学过程

第一课时：寻找“看不见”的密码——破解象征意象

环节一 猜谜游戏导入

◆ 教师活动

上课伊始，教师微笑着面对学生说：“同学们，《小王子》这本书里有句话特别有意思，它说‘重要的东西用眼睛是看不见的’。大家想一想，书里小王子遇到了玫瑰、狐狸、蛇，还有好多其他角色，难道故事真的只是在讲这些动物和花吗？”

◆ 学生活动

学生们以小组为单位，围绕教师提出的问题展开热烈讨论。讨论时，要求用“可能是……因为……”的句式来猜测这些意象背后的含义。比如，有的小组可能会说：“玫瑰可能代表骄傲的人，因为玫瑰总是骄傲地展示自己的美丽，还带着刺，不让别人轻易靠近。”

环节二 绘制意象地图

（一）集体梳理

教师打开多媒体课件，展示《小王子》书中出现的各种意象，像玫瑰、猴面包树、国王等。一边展示，一边和学生们一起探讨每个意象的象征意义，并把大家讨论出的结果标注在课件上。

（二）绘制思维导图

每个小组选取一个意象，然后用彩笔绘制“实物＋隐含意义”双气泡图。比如，选择玫瑰的小组，先在图中画一朵玫瑰，然后在一个气泡里写上“美丽但带刺”，这是玫瑰的特点；在另一个气泡里写上“需要呵护的爱”，这就是玫瑰所象征的隐含意义。

环节三 我的秘密符号

（一）布置情境任务

教师创设情境，对学生说："假如你们就是小王子，准备开启一段奇妙的旅行，你们会带上什么能代表自己的东西呢？请把它画出来，再用50字左右写一写你为什么要带这个东西。"

（二）范例引导

教师给出范例："我要带一块橡皮，它象征总在修正错误的成长——擦去的不只是铅笔字，还有我的小缺点。"让学生们明白应该如何完成这个任务。

（三）分享交流

学生们完成画作和文字说明后，在小组内分享交流。

第二课时：和玫瑰说说心里话——对话中的智慧

环节一 金句辩论赛

（一）精选句子展示

教师在课件上展示《小王子》里的两句经典话语："如果你驯服了我，我们就会需要彼此。""所有大人最初都是孩子，但很少有人记得。"

（二）开展辩论活动

将学生分组，每个小组选择其中一句话，结合生活中的事例，用"生活事例＋观点"的方式展开讨论。比如针对"养宠物是不是一种'驯服'？"这个问题，有的小组可能会说"养宠物是一种'驯服'，因为养宠物后，人和宠物之间会建立起亲密的关系，互相需要"；而有的小组可能会提出不同的观点。讨论结束后，每个小组派代表分享讨论结果。

环节二 穿越时空的对话

（一）创设情境

教师饶有兴致地说："同学们，现在我们来玩一个穿越时空的游戏。假如小王子转学到我们班，他会怎么看待我们每天都要做的'写作业''考试'这些事呢？请大家设计三组问答。"

（二）提供写作支架

教师给出一个示例：

小王子："你们为什么每天往本子上填这么多数字？"

学生："这些数字像星星，看起来是冰冷的，但连起来就是成长的轨迹……"

学生们根据示例和创设的情境，发挥想象，进行问答设计，设计完成后在小组内互相交流分享。

环节三 问题接力赛

（一）讲解活动规则

教师向学生说明活动规则："老师会先抛出一个小王子在书中遇到的问题，比如'为什么酒鬼喝酒是为了忘记羞愧？'然后同学们要以'追问链'的形式进行接力提问。每一个同学提出的问题都要和上一个问题相关，最后我们把这些问题整理成'问题树'写在黑板上。"

（二）开展活动

教师提出问题后，学生们依次举手回答，进行问题接力。比如，有的学生可能会接着问"那他为什么会感到羞愧呢？"在提问的过程中，教师引导学生深入思考，培养学生的思维能力。

第三课时：建造我的 B612 星球——创意星球工坊

环节一 星球档案设计师

（一）任务发布

教师给每个学生发放一张“专属星球档案卡”，对学生说：“同学们，现在你们就是星球的设计师，要填写这张档案卡。档案卡上要写清楚星球的气候、居民，还有一些奇怪的规则。大家可以用夸张的方式来反映我们现实生活中的问题哟。”

（二）案例示范

星球名称：作业拖延星

特殊规则：每说一次“马上做”，你的时间就会被偷走一小时。学生们参考案例，发挥想象，完成自己的星球档案卡，填写完成后同桌之间互相交流分享。

环节二 故障星球救援队

（一）小组合作任务

教师把书中的问题星球，像虚荣者星、点灯人星等，分别写在字条上，让每个小组抽取一个。然后要求小组以合作的方式，针对抽到的问题星球，设计一个“改造方案”，让这个星球变得更好。

（二）提供表达支架

教师给出一个示例：“给虚荣者戴上有魔力的帽子——每次炫耀时，帽子就会变成镜子照出孤独的内心。”学生们根据示例和抽到的星球，进行改造方案的设计，设计完成后每个小组派代表上台分享。

环节三 多元宇宙漫游记

（一）创意续写要求

教师布置写作任务：“同学们，现在我们来进行一次创意续写。以‘小王子降落在________（学校、火星、网络世界）’开头，写一篇200字左右的奇幻故事，要突出‘用童心解决成人难题’这个主题哟。”

（二）写作与分享

学生们开始写作，完成后，挑选部分学生的作品在班级内分享，其他学生认真倾听，给予评价和建议。

六、教学拓展

（一）亲子共读：鼓励学生邀请家长一起共读《小王子》这本书，读完后，用书信的形式和家长交流“你心中的玫瑰是什么”，增进亲子之间的沟通和对故事的理解。

（二）校园实践：引导学生在校园里仔细观察那些“被忽略的美好”，然后用小王子的口吻写一篇《地球旅行笔记》，培养学生观察生活和写作的能力。

七、教学评一体

（一）过程性评价：在教学过程中，教师根据学生绘制的思维导图的完整性、问题链的逻辑性以及星球设定的创意性，对学生进行打分评价，及时给予学生反馈和指导。

（二）成果展示

1. 意象画廊：把学生们绘制的“秘密符号”及解说张贴在教室的墙壁上，形成一个意象画廊，让大家可以互相欣赏并学习。

2. 对话墙贴：从学生们设计的“穿越时空的对话”中，挑选出优秀的内容，制作成班级《童心哲语集》，张贴在教室的对话墙上，供大家阅读、品味。

3. 雷达图自评：给每个学生发放一张雷达图，让学生从“想象力、情感力、思考力、表达力”四个维度对自己在本次学习过程中的表现进行评价，用图画的方式展示自己的成长轨迹。

爱的力量：电影《海底世界》童话读写教学案例

（适用六年级）

一、设计理念

本次教学以《海底世界》这部动画电影为依托，秉持“情境驱动、读写融合、情感升华”的设计理念。“情境驱动”旨在借助电影中奇妙的海底世界情境，激发学生的学习兴趣和想象力，让学生在沉浸式的体验中主动参与学习。“读写融合”强调将观看电影与写作童话紧密结合，引导学生从电影中汲取丰富的写作素材、技巧以及情感内涵，通过写作实践深化对电影的理解，提升读写能力。“情感升华”注重在教学过程中引导学生体会电影所传达的家人之间的爱，让学生在创作中表达对爱的理解和感悟，从而实现情感的升华，培养学生珍视亲情的美好品质。

二、教学目标

（一）深入理解电影《海底世界》中家人之爱的内涵与表现形式，体会其对故事发展的推动作用。

（二）学习电影中塑造角色、构建情节的方法，运用到以“家人之爱”为主题的童话创作中，提高童话写作能力，包括想象力、情节构思能力和语言表达能力。

（三）培养学生将动画电影与童话相结合的兴趣，让学生感受不同文本形式融合的魅力，拓宽文学视野。

（四）通过对电影和童话创作的学习，引导学生思考家人之爱的意义，从而学会在现实生活中珍惜和表达对家人的爱。

三、教学重难点

（一）教学重点：挖掘电影中有关家人之爱的细节，将其转化为童话创作的素材和情感支撑；指导学生掌握童话创作的基本要素，如奇幻元素的运用、角色塑造和情节设计等。

（二）教学难点：帮助学生巧妙地将动画电影元素与童话情节融合起来，使创作的童话既富有创意又能真挚地表达家人之间的爱；引导学生在童话创作中展现独特的视角和深刻的情感体悟。

四、教学准备

（一）材料准备：《海底世界》电影资源，提前剪辑好教学所需的精彩片段；准备绘画工具（彩笔、画纸）、手工材料（如用来制作立体家庭树的铁丝、黏土等）、不同形状的便笺纸、透明胶片、防水胶囊、手电筒、彩纸、纱幕、投影仪等；制作海洋生物特征对照表、海浪纹任务卡等学习资料。

（二）知识储备：组织学生提前观看《海底世界》电影，对电影情节有一定的了解。

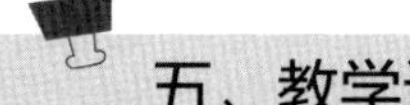

五、教学过程

（一）开启奇幻之旅（导入环节）

1. 播放《海底世界》中最具奇幻色彩的片段，比如神秘的海底城堡、绚丽的海底生物群游动的场景等。

播放结束后，教师兴奋地说："同学们，刚刚我们看到的海底世界简直太奇妙啦！那五彩斑斓的珊瑚，像不像童话里的神秘城堡？还有那些形态各异的海洋生物，是不是就像一个个小精灵在海底穿梭？大家有没有被这片神奇的世界吸引呢？"

2. 引导学生分享对电影的初步印象，提问："在刚才的片段里，哪个画面让你印象最深刻？为什么？"鼓励学生畅所欲言，分享自己的感受。

3. 教师顺势引出"家人之爱"的主题："在这个奇妙的海底世界，不仅有美丽的景色和有趣的生物，还有深深的家人之爱。今天，我们就一起开启一场关于海底世界和家人之爱的童话之旅。"

（二）探寻爱的线索（回顾电影情节）

1. 再次播放电影中体现家人之爱的关键情节，如小丑鱼父子相互守护、章鱼妈妈为了保护孩子喷墨等片段。播放时，教师提醒学生："这次观看，大家要仔细观察家人之间的互动，看看他们是如何表达爱的。"

2. 让学生分组讨论这些情节中家人是如何相互关爱的。在讨论的过程中，教师巡视各小组，鼓励学生积极发言，分享自己的发现。

3. 每组推选代表发言，分享讨论结果。教师认真倾听，适时补充总结，梳理出电影中家人之爱的多种表现形式，如保护、陪伴、鼓励等，并在黑板上记录下来。

4. 提问："如果你们是海底世界的居民，会用什么独特的方式表达对家人的爱呢？比如，你是一只小海龟，会怎么做？”引导学生发挥想象，积极思考。

（三）创意风暴来袭（小组头脑风暴）

1. 将学生分成小组，每个小组围坐在一起。教师宣布："现在，每个小组要确定一个以'家人之爱'为主题的童话创作方向。可以是一次海底的冒险之旅，也可以是一个有关海底家庭的温馨故事，大家开动脑筋想一想！"

2. 组织小组内进行头脑风暴，教师鼓励学生："在小组内，大家可以大胆地说出自己的创意想法，不设限，越新奇越好！打开脑洞，让想象在海底自由飞翔！"

3. 每组安排一名记录员，记录下大家讨论出的创意点子。教师巡视各小组，适时给予指导和启发，比如："如果让海底的动物们拥有一种神奇的魔法，这个魔法和家人之爱有什么联系呢？"

4. 邀请各小组上台分享创意，每个小组派一名代表发言。教师认真倾听，给予肯定和建议："这个想法很有趣，如果再增加一些冒险的情节，故事可能会更加精彩哟！"

（四）童话初稿诞生（个人创作时间）

1. 学生根据小组讨论的创意，结合自己对家人之爱的理解，开始撰写童话初稿。教师在教室里巡回指导，轻声提醒学生："在写的时候，要注意故事的开头要吸引人，中间的情节要有趣，结尾要能让人感受到家人之间深深的爱。"

2. 关注学生的写作进度和遇到的问题，对于写作困难的学生，给予一对一的指导："别着急，我们可以先想想电影里那些温暖的画面，把它变成你故事里的一部分。"

3. 提醒学生注意童话的结构和语言表达，运用电影中的元素来丰富故事："你看电影里那些美丽的海底景色，能不能写进你的故事里，让故事更加生动呢？"

4. 鼓励学生在写作过程中随时与身边的同学交流想法："如果有新的灵感，就和旁边的同学分享、讨论，说不定能碰撞出更精彩的火花！"

5. 适时分享一些优秀的童话写作技巧和句式，供学生参考："比如'在那神秘的海底深处，有一座闪闪发光的城堡，那里藏着一个不为人知的秘密……'这样的开头，是不是一下子就把人吸引住啦？"

（五）故事分享时刻（小组内分享）

1. 学生完成初稿后，在小组内轮流分享自己的童话故事。教师强调："在听别人分享的时候，大家要认真听，这是对同学的尊重，而且说不定你还能从别人的故事里得到新的启发呢！"

2. 小组成员认真倾听，提出修改建议，如情节是否合理、情感是否真挚等。教师引导："大家可以从故事里的角色、情节发展，还有对家人之爱的表达这些方面来提建议。"

3. 每组推选一名代表，在班级分享。在推选过程中，教师鼓励学生："每个小组都有很棒的故事，大家公平推选，选出最能代表小组水平的故事。"

4. 引导学生学会倾听和评价他人的作品，培养团队合作精神。提问："听完同学们的童话故事后，你最喜欢哪个故事的哪个部分呢？为什么？"鼓励学生积极发言，分享自己的感受。

（六）精彩故事会演（全班分享展示）

1. 各小组代表上台，声情并茂地分享自己的童话故事。教师鼓励："上台的同学不要紧张，就像平时给大家讲一个超级有趣的故事那样，配上动作和表情，会更吸引人哟！"

2. 其他同学认真倾听，给予掌声和鼓励。教师引导："大家要认真听，看看哪个故事最能打动你，等会儿我们还要投票选出最受欢迎的故事呢！"

3. 教师对每个故事进行点评，肯定优点，指出改进方向："这个故事的想象力太丰富啦，把海底的生物都写活了！要是在情节的转折上再设计一下，就更完美了。”

4. 组织学生投票选出最受欢迎的童话故事，颁发小奖品，如海洋生物形状的书签、贴纸等。教师宣布：“现在，我们来投票选出大家最喜欢的故事，得票最多的小组可以获得小奖品哟！”

（七）爱的升华讨论（主题深化探讨）

1. 引导学生思考：“在这些童话故事中，我们看到了各种各样的家人之爱。那么，在现实生活中，我们该如何更好地表达自己对家人的爱呢？”教师的问题引发学生思考，让教室里充满安静思考的氛围。

2. 让学生分组讨论，分享自己的想法和做法。在讨论的过程中，教师巡视各小组，参与学生的讨论，给予引导和启发：“大家可以从生活中的小事说起，比如帮家人做一件事，或者说一句温暖的话。”

3. 每组推选代表发言，交流讨论结果。教师认真倾听，总结：“家人的爱是无私而伟大的，就像电影里海底生物们相互守护一样，在生活中，我们也要学会珍惜并回报这份爱。”

4. 播放一段关于家人之爱的温馨视频，升华主题。视频播放结束后，教师感慨地说：“希望大家看完这个视频后，能把对家人的爱放在心底，用行动去表达。”

（八）童话润色加工（修改完善作品）

1. 学生根据小组讨论和教师点评所给出的建议，对自己的童话故事初稿进行修改完善。教师巡回指导，帮助学生解决修改过程中的问题：“如果在这个地方增加一些细节描写，故事是不是会更生动呢？”

2. 提醒学生注意语句通顺、标点正确、字迹工整等细节：“这些小细节可不能忽视，它们会让我们的故事更完美。”

3. 鼓励学生在修改后的故事中加入自己的独特风格和创意：“发挥你的想象力，让你的故事变得和别人的不一样，更有个性！”

4. 挑选一些修改前后对比明显的作品，进行展示和讲解：“大家看，这位同学修改后的故事，增加了很多有趣的情节，对家人之爱的表达也更深刻了，我们要向他学习哟！”

（九）童话结集成册（作品展示与总结）

1. 将学生修改完善后的童话故事整理成册，配上精美的插图。教师安排学生分工合作：“喜欢画画的同学可以为故事配上漂亮的插图，其他同学帮忙整理文字，让我们的童话集更完美。”

2. 举办一个简单的作品展示会，让学生欣赏彼此的作品。在展示会上，教师引导学生：“大家可以互相交流，看看别人的故事，学习别人的优点。”

3. 教师对本次童话读写教学活动进行全面总结，回顾学生的学习过程和收获：“在这次活动中，大家从电影里找到了灵感，创作出了这么多精彩的童话故事，还懂得了要珍惜家人的爱。老师为你们感到骄傲！”

4. 邀请学生代表发言，分享自己在这次活动中的感受和体会。学生代表发言结束后，教师鼓励学生：“希望大家在今后的学习、生活中，继续发挥想象力，用文字记录生活中的美好和爱，让我们的生活也像童话一样精彩！”

（十）拓展延伸（可任选，时间灵活安排）

1. 制作海底世界手抄报：让学生以“《海底世界》中的家人之爱”为主题，制作手抄报。其中可以包含电影中的精彩情节、自己创作的童话片段、对家人之爱的感悟等内容。

2. 亲子共同创作：鼓励学生和家长一起观看《海底世界》的电影，然后共同创作一篇以“家人之爱”为主题的童话。这样不仅能增进亲子关系，还能让家长参与到学生的学习过程中。

3. 童话角色扮演：选择一些精彩的童话，让学生分组进行角色扮演。通过表演，学生能更深入地理解童话故事中的角色和情感，同时也能锻炼其表演能力和团队协作能力。

六、教学评一体

（一）过程性评价

1. 在整个教学过程中，时刻关注学生的表现。在课堂上，看学生是否积极参与讨论，比如在“爱的线索探寻”环节，能否踊跃分享对电影中家人关爱情节的理解；在小组头脑风暴时，观察学生提出创意的活跃度，有没有新颖的童话创作点子。

2. 在写作过程中，留意学生能否运用教师提供的技巧，在故事结构搭建、语言表达方面是否有进步，对于遇到困难的学生，观察其在教师指导下的改进情况。在小组内分享及全班展示时，考查学生倾听他人作品、提出合理建议以及评价他人故事的能力，看学生是否尊重他人、能否从他人的作品中获得启发。

（二）成果性评价

1. 评价学生最终的童话作品。从故事的创意性出发，考量是否巧妙融合电影元素，情节是否独特、新颖，如是否有新奇的海底冒险情节、独特的魔法设定等；评估对家人之爱的表达，情感是否真挚、深刻，能否让读者感受到温暖；关注故事的完整性，结构是否合理，开头能否吸引人，结尾是否有力；重视语言表达，语句是否通顺，用词是否恰当。

2. 根据投票选出最受欢迎的故事，以及教师对每个故事的点评，综合判断学生在童话创作能力上的提升。

3. 此外，在拓展延伸活动中，评价手抄报的内容丰富度、亲子创作时合作的默契度、角色扮演的表现力和对角色情感的把握，全面衡量学生对知识和情感的掌握程度。

附：电影信息

影片名：《海底总动员》（*Finding Nemo*）

导演：安德鲁·斯坦顿（Andrew Stanton）、李·爱德华·昂克里奇（Lee Edward Unkrich）

制片：美国华特迪士尼公司（Walt Disney）与皮克斯公司（Pixar）联合出品

片长：100 分钟

语言：英语

上映时间：2003年

故事梗概：

在美丽的澳洲大堡礁深海里，小丑鱼马林和儿子尼莫过着简单又幸福的生活。马林性格胆小谨慎，尼莫却充满了好奇心，天不怕地不怕。当尼莫和小伙伴打算去深海处的潜艇玩耍时，马林坚决阻拦，可尼莫还是决定独自前往，结果不幸被航海员抓走，被带到了牙医诊所的鱼缸里。在那里，尼莫结识了向往海洋的神仙鱼吉尔、友善温和的鹈鹕奈杰尔，学会了如何独立生活。

而另一边，为了救回儿子，向来胆小的马林鼓起勇气，决定跨越海洋。在旅途中，他遇到了热心助人却患有健忘症的蓝唐王鱼多莉。他们一起在辽阔的太平洋上，惊险逃脱大白鲨布鲁斯的追杀，穿过危险的水母阵，和天使鱼展开一番激烈的较量，还遭遇了澳洲洋流。历经重重艰难险阻，马林和尼莫最终在悉尼成功团聚，马林也因此成了儿子以及大家心中的英雄。归途中，他们又遇到了捕鱼船，尼莫机智地鼓动网中所有的鱼一起拼命往下沉，大家齐心协力，掀翻了渔船，群鱼得以获救，他们在海底欢呼雀跃，庆祝这场胜利。

踏上英雄之路：电影《功夫熊猫》童话读写教学案例

（适用六年级）

一、设计理念

本次童话读写教学以“激发兴趣、构建框架、培养思维、联系生活”为设计理念，旨在为六年级学生打开童话创作的大门，提升他们的语文综合素养。

“兴趣是最好的老师”，借助热门动画电影《功夫熊猫》的魅力，吸引学生的注意力，激发他们对童话创作的热情。从学生熟悉且喜爱的影视形象入手，能让他们迅速进入学习情境，主动参与到教学活动中。

构建清晰的“英雄之旅”叙事框架，为学生提供创作的支架。在童话写作时，六年级的学生往往缺乏条理，通过教授这种叙事模式，帮助他们梳理故事结构，明确故事发展的脉络，使其写作更具有逻辑性和连贯性。

注重培养学生的多元思维能力。在分析阿宝的成长历程、创编童话故事的过程中，锻炼学生的逻辑思维、创新思维和批判性思维能力；引导学生思考角色的成长、面临的困难及解决方法，鼓励他们突破常规，塑造独特、有个性的角色和情节。

强调写作与生活的联系，让学生从身边的人和事获取灵感。通过观察普通但努力的同学或家人，以及采访身边的“平凡英雄”，将现实生活中的真实情感和经历融入童话创作中，使故事更具感染力和真实性，同时也让学生在写作中学会观察生活、思考人生。

二、课时安排

2~3 课时

三、教学目标

（一）引导学生理解“英雄之旅”叙事模式的基本架构，能够精准划分阿宝成长过程中的关键阶段，把握故事发展的内在逻辑。

（二）指导学生运用“目标→阻碍→蜕变”这个公式进行童话故事的创编，塑造出具有真实感、立体感的成长型角色，提升写作技能。

（三）体会挫折在角色成长中的重要意义，促使学生联系自身的生活经验，深入思考“平凡人如何成为自己的英雄”这个话题，实现语文学习与个人成长的有机结合。

四、教学准备

（一）材料：精心剪辑电影《功夫熊猫 1》中“阿宝被选中”“训练受挫”“领悟无字卷轴”这些片段，总时长约 8 分钟；准备简化版的英雄之旅环形图，便于学生直观地理解其叙事模式。

（二）工具：设计角色档案卡，包含外貌、特长、缺点三项，辅助学生塑造角色；准备情节阶梯模板（波浪形图表），帮助学生梳理角色成长的情节变化；准备磁性贴纸，上面写好“面馆打工”“偷看比武”“被师父拒绝”“学会接包子”

等情节，用于课堂上进行互动。

（三）课前任务：安排学生观察一位普通但努力的同学或家人，用三句话简短地描述其坚持与突破的过程，为课堂学习积累生活素材。

五、教学过程

（一）启动认知：发现平凡英雄的光

1. 互动提问

同学们，一提到英雄，大家脑海里肯定一下子就冒出好多厉害的人物！像超级英雄钢铁侠，还有神通广大的孙悟空。那现在老师问大家，如果让一只圆滚滚、胖嘟嘟的熊猫来当大侠，你们觉得这事儿靠谱吗？（教师在黑板上板书“不完美”“成长”这两个关键词）这和我们平常印象里那些帅气、厉害的英雄形象可太不一样啦！

2. 电影切片

下面我们一起来观看有趣的电影片段。（播放阿宝被选中时众人嘲笑的片段）大家看，阿宝被选中的时候，周围的人都在笑话他。那老师问问大家，为什么乌龟大师却坚持选他呢？再想一想，在我们的生活里，有没有那种一开始不被看好，最后却取得成功的例子呀？

3. 概念初识

同学们都很有想法！现在，老师给大家带来一张神奇的图（出示环形图）。大家看，图上用箭头标出来了三个阶段，分别是“普通生活→冒险挑战→蜕变回归”。这就好比毛毛虫，一开始是普普通通地生活，然后经历结茧的挑战，最后破茧成蝶，完成华丽变身。这就是“英雄之旅”的规律，很多精彩的故事都是按照这个套路写的呢！

（二）思维解码：绘制英雄成长地图

1. 阶段拼图

接下来，咱们玩个有趣的小组游戏。每个小组都会领到一些磁性贴纸，上面写着阿宝的各种经历。大家要一起商量，把这些贴纸贴在环形图上的正确位置，还要说出为什么这样贴。看看哪个小组能把阿宝的成长历程梳理得明明白白，贴得又快又准！

2. 细节放大镜

同学们，咱们再来仔细瞧瞧阿宝的变化。（对比播放阿宝“初次爬楼梯摔倒”与“后期灵活接包子”的片段）大家看，一开始阿宝连爬楼梯都费劲，后来却能灵活地接住包子。现在，请大家用这个情节阶梯模板，把阿宝这些动作变化标注出来，然后一起讨论，重复训练是怎么推动他成长的呢？

3. 现实联结

之前，大家都观察了身边努力的人，现在来分享一下你们的观察记录吧。（请几位同学分享）咱们把这些现实里的故事，用“目标→阻碍→努力”的句式改编成一个短童话。比如“蜗牛快递员想要翻山给好朋友送信，可是山又高又陡，它爬得很慢，但蜗牛没有放弃，每天坚持爬，最后终于把信送到了”。大家也来试试吧！

（三）创意工坊：打造属于你的小英雄

1. 角色孵化器

天赋与缺陷并存：现在，大家都是童话世界的创造者，要开始打造自己故事中的主角啦！请大家拿出角色档案卡，填写主角的外貌、特长和缺点。这里有个小要求，特长和缺点得有点关联才行哟。比如咱们创造一个猫咪调香师，他的特长是嗅觉特别灵敏，能分辨出各种香味，但是呢，他特别恐高，这就和他的工作有点矛盾啦，故事也就有了可看性。

2. 设计激励事件

角色有了，那怎么让他踏上冒险之旅呢？大家用“如果……就……”的句式来设计一个激励事件。比如“如果找不到午夜开花的雪莲，花园里所有的花就会枯萎，美丽的家园也会消失”，这样主角就有了冒险的动力。

3. 阻碍升级指南

一个精彩的故事，主角肯定得遇到不少困难。老师给大家一个“三阶困难公式”。首先是外部阻碍，比如暴风雨毁坏了船只；接着是内心矛盾，比如主角因为拖累了队友而自责；最后是终极考验，比如要独自穿越危险的暗礁区等。老师先给大家示范《怕黑的小萤火虫》的片段（教师示范）。现在轮到大家啦，按照这个公式，给你的主角设置重重难关吧！

4. 定格蜕变时刻

在故事的最后，主角肯定会有成长和蜕变。大家用分镜头脚本的格式来描写结局，记住，要保留角色原本的特点，但是又能呈现他的成长。就像阿宝，最后他还是爱吃包子，但是懂得和大家分享啦，这就是成长！

（四）互动展评：英雄勋章授予仪式

1. 故事接龙站

每个小组派一名代表，来讲述你们的主角遇到的第一个阻碍。其他小组要认真听，然后用“但是……”来接着说，给这个阻碍增加难度。比如第一组说“主角要去寻找宝藏，但是地图被海水浸湿了”，那下一组就可以说“但是指南针被猴子偷走了”。看看大家能把这个故事的难度提升到什么程度！

2. 共情投票

现在，大家把自己写的故事梗概匿名交给老师。老师会把这些梗概展示出来，大家用贴纸选出自己“最想看到后续”的作品。评选时有两个标准，一是看看故事里主角的缺点是不是真实，就像我们身边的人那样；二是看看困难是不是一环扣一环，特别吸引人。

3. 点睛总结

电影《功夫熊猫》里有一句特别经典的台词:“昨天是历史，明天是谜团，只有今天是天赐的礼物。”大家开动脑筋，用一个比喻句来解读一下这句话。比如“今天的每一份努力，就像是给未来成为英雄的自己铺的一块砖”。

（五）分层任务：英雄就在眼前

1. 基础任务：课后再把课堂上写的故事完善一下，用红笔把“英雄之旅”的三个阶段标注出来，这样能让故事的结构更加清晰。

2. 进阶任务：把自己写的故事改编成四格漫画，在画的时候，要重点把主角的神情变化表现出来，让大家一看就知道主角在不同时候的心情。

3. 社会实践：去采访一下身边的“平凡英雄”，像坚持垃圾分类的保洁阿姨，或者每天早起送快递的叔叔。用 300 字左右记录下他们的“英雄时刻”，也就是他们努力、坚持、做出不平凡事情的瞬间。

六、教学加速器

（一）视觉支架：在讲解情节升级的时候，可以用登山棋游戏来打比方。主角每克服一个困难，就像在玩登山棋时前进一步，这样大家就能更加直观地理解故事的发展进程啦。

（二）即时反馈：老师提前准备好“问题锦囊”，用来应对大家写作时可能出现的共性难点。比如如果有同学让角色突然变得无敌，老师就可以提示“主角的蜕变得有过程，得有铺垫才行哟”。

（三）情感共鸣：在大家写作的时候，播放电影配乐《Hero》作为背景音乐，营造出充满激情和冒险的氛围，让大家更有创作的灵感！

七、教学评一体

（一）过程性评价

1. 小组合作表现：在“阶段拼图”环节，观察各小组成员是否积极参与讨论，共同商讨磁性贴纸的摆放位置。对于能够清晰阐述观点、合作默契的小组，教师及时给予表扬和加分奖励。

2. 课堂互动情况：在互动提问、细节放大镜以及现实联结等环节，留意学生发言的积极性和质量。对于主动回答问题且思维活跃的学生，给予小贴纸或口头表扬，鼓励学生继续积极参与课堂互动。

3. 角色设计创意：在“角色孵化器”环节，巡视学生的角色档案卡填写情况，及时发现并肯定那些设计独特、优势与劣势巧妙关联的创意角色，为有创意的学生发放“创意之星”奖状。

（二）成果性评价

1. 故事梗概评选：在“共情投票”环节，根据学生的投票结果，选出“最受期待的故事梗概”，对获奖学生进行公开表扬，展示其优秀成果，并分析其成功之处，如情节的吸引力、主角缺点的真实性和困难设置的合理性等，供其他学生学习借鉴。

2. 最终作品展示：布置“童话创作展示区”，展示学生完善后的童话作品或改编的四格漫画。组织学生进行互评，评选出“最佳故事结构奖”“最具创意情节奖”“最美绘画表现奖”等多个奖项，让学生在欣赏他人作品的同时，也能发现自己的优点和不足。

附：电影信息

影片名：《功夫熊猫》（*Kung Fu Panda*）

导演：马克·奥斯本（Mark Osborne）、约翰·斯蒂文森（John

Stevenson)

制片: 梦工厂动画

片长: 92 分钟

语言: 英语

上映时间: 2008 年

故事梗概:

在和平谷里，生活着一群热爱功夫的动物。胖胖的熊猫阿宝原本是一家面馆的学徒，却怀揣着学习功夫的梦想。在一场盛大的比武大会上，乌龟大师出人意料地选择阿宝成为“龙战士”，他要肩负起对抗邪恶大龙的重任。起初，阿宝因体形笨拙、毫无功夫基础而遭到其他高手的质疑和嘲笑，但凭借着对功夫的热爱和坚持不懈的努力，在师父和盖世五侠的帮助下，他不断地突破自我。最终，阿宝领悟了功夫的真谛，战胜了大龙，守护了和平谷的安宁，成为真正的英雄。

穿越童话森林，收获读写宝藏

（适用五年级）

在开启今天的童话创意游戏之旅前，想必您也认同，如果自一年级起便陪伴孩子参与童话创意读写小游戏，那么此刻，他们的想象力、故事创作力与表达能力，大概率已超越多数同龄人。在小学毕业的重要时刻，为孩子们的行囊里添上几本他们亲手创作的书籍，无疑是语文教师给予他们的一份珍贵的礼物。

回顾与同学们共度的童话读写时光，在毕业之际，几乎每位同学都将带着自己撰写的九本书踏上新的征程。这些书籍，绝非负担，而是助力他们逆风飞翔的羽翼。五年来，沉浸在童话世界的孩子，心中早已种下相信奇遇的种子，如今，他们正从童年的奇妙幻想迈向少年的新奇探索。

接下来，我为五年级的孩子们精心准备了十个超棒的童话创意读写高阶游戏。这些游戏巧妙融合逻辑推理、跨学科实践与创意写作，孩子们在玩耍的过程中，综合能力将得到全方位的提升！而且，游戏所需材料一如既往地来自生活中常见的物品，轻松易得。现在，让我们一同走进趣味盎然的游戏世界吧！

游戏一 童话谣言破解站

◆ **魔法袋**

旧报纸、荧光笔以及用橡皮刻制的“真相”印章，这些材料在生活中很常见，准备起来毫无压力。

◆ **魔法驿站**

1. 在游戏初始，我们先来玩“传话游戏”，制造一些趣味十足的“谣言”，比如“女巫的扫帚其实是吸尘器！”这样新奇的说法，瞬间就能抓住孩子们的注意力，激发他们对后续游戏的强烈好奇心。

2. 引导孩子们拿起荧光笔，仔细圈出谣言中的可疑之处，接着让他们借助玩偶扮演“当事人”，展开采访。这一环节，既能锻炼孩子们敏锐的发现问题的能力，又能有效地培养他们的沟通与交流能力。

3. 当孩子们成功找出真相后，用提前刻好的“真相”印章，郑重地盖在他们自己创编的《童话辟谣日报》头条位置。这个过程如同小侦探破案般充满成就感，还能帮助孩子们学会辨别信息的真假，提升信息甄别能力。

游戏二 魔法编程卡牌

◆ **魔法袋**

准备标有“↑↓←→”等方向和动作的指令卡，再加上一张方格纸，简单的材料就能开启奇妙的游戏之旅。

◆ **魔法驿站**

1. 鼓励孩子们充分发挥逻辑思维，排列指令卡，设计出独特的行动路径，例如“→ 3 步 × 避开毒蘑菇”。这需要他们认真思考，巧妙规划，从而锻炼逻辑推理能力。

2. 在方格纸上，孩子们依据指令卡规划的路线展开冒险，完成解救被困的公主的任务。这个过程仿佛带领他们走进了充满奇幻色彩的童话世界，刺激又有趣。

3. 若在执行的过程中遭遇问题，如同程序出现故障，让孩子们以“第 5 步循环指令溢出，导致巨龙复活”为例，撰写“故障 debug 日志”。这不仅能让孩子们接触到基础的编程知识，还能锻炼他们解决问题的能力和写作能力。

游戏三 时间悖论日记

◆ 魔法袋

准备双色便利贴，用红色代表现代时间线，蓝色代表历史时间线，简单的材料就能带来一场时间穿梭之旅。

◆ 魔法驿站

1. 启发孩子们发挥想象力，在红色便利贴上记录现代发生的神奇事件，比如“发现会说话的怀表”，让思维在幻想的时空里驰骋。

2. 引导孩子们转换视角，在蓝色便利贴上写下该事件对历史产生的影响，如“导致生活在 1910 年的钟表匠失踪”，感受时间线之间错综复杂的联系。

3. 让孩子们用箭头标记出前后矛盾的地方，然后共同编写《时间管理局调解方案》，尝试解决这些时间悖论。这一过程能帮助孩子们深化对时间和因果关系的理解，锻炼逻辑推理能力。

游戏四 声音地图探秘师

◆ 魔法袋

用手机录制风声、脚步声等环境声，再准备一张 A3 纸和一些贴纸，这些材料随手可得，却能带来不一样的探秘体验。

◆ 魔法驿站

1. 将录制的环境声设定为“魔法线索”，比如风声可能是通往神秘城堡的指引，营造出神秘的氛围，激发孩子们的探索欲。

2. 鼓励孩子们在 A3 纸上，依据声音线索绘制声音来源地图，例如“乌鸦叫声→枯树宝藏”，锻炼他们的观察力和空间思维能力。

3. 最后，让孩子们撰写《声波侦探手记》，详细记录破译声音密码、寻找宝藏的全过程，提升他们的写作能力。

游戏五 平行世界日报社

◆ **魔法袋**

准备新闻模板以及写有“陨石雨”“动物说话”等有趣事件的卡片，简单的道具却能带来无限的创意。

◆ **魔法驿站**

1. 让孩子们抽取卡片，生成两个平行世界的头条新闻，比如“A 世界：云朵图书馆开放”，激发他们的想象力，开启平行世界的奇妙之旅。

2. 引导孩子们对比两个平行世界的新闻，撰写一篇社论，如“论气候对知识存储形态的影响”，培养他们的分析能力和写作能力。

3. 鼓励孩子们发挥创意，设计跨世界订阅广告词，例如“只需一片龙鳞，畅读多维新闻！”锻炼他们的创新思维和语言表达能力。

游戏六 魔法暗网破解组

◆ **魔法袋**

用毛线织一张网，再准备一些夹子和线索条，自制道具，乐趣无穷。

◆ **魔法驿站**

1. 在毛线网上悬挂用摩斯密码加密的信息，比如“小心黑女巫”，让孩子们感受加密信息的神秘魅力。

2. 为孩子们提供二进制转换表，引导他们破译密码，锻炼其逻辑推理和信息处理能力。

3. 最后，让孩子们撰写一份《魔法网络安全白皮书》，并附上充满趣味的防御咒语，培养他们的安全意识和写作能力。

游戏七 童话生态救援队

◆ **魔法袋**

打印一些有关环境污染的照片，并准备解决方案卡，通过这些材料引导孩子们关注环保问题。

◆ **魔法驿站**

1. 引导孩子们分析“精灵河污染案”，比如将照片里的油渍设定为毒药，让他们直观地认识到环境污染问题。

2. 鼓励孩子们发挥创造力，设计生态解决方案，如“用彩虹贝壳过滤污水”，培养他们解决问题的能力。

3. 让孩子们撰写《跨界环境评估报告》，并附上设计草图，锻炼他们的综合能力和写作能力。

游戏八 情绪转换器实验

◆ **魔法袋**

准备分别代表愤怒（红色）和冷静（蓝色）的色卡，以及一些音乐片段，简单的材料也能带给孩子们丰富的情绪体验。

◆ **魔法驿站**

1. 播放音乐，让孩子们随机抽取色卡，匹配当下的情绪，帮助他们更好地了解自己的情绪变化。

2. 根据抽到的色卡，引导孩子们改编经典童话故事中的片段，例如“暴怒的睡美人拒绝苏醒”，激发他们的创造力。

3. 最后，让孩子们撰写一份《情绪能量守恒定律》研究报告，分享自己对情绪的理解和感受，提升写作和思考能力。

游戏九 失重童话建筑大赛

◆ **魔法袋**

准备吸管、棉线和 A4 纸，这些常见的材料就能搭建出奇妙的童话建筑。

◆ **魔法驿站**

1. 鼓励孩子们运用这些材料搭建“太空糖果屋”，并思考如何抵抗虚拟重力，锻炼他们的动手能力和创新思维。

2. 将吹风机开到三级风力，测试糖果屋的稳固性。这一过程不仅能让孩子们兴奋不已，还能让他们初步了解基础的物理知识。

3. 让孩子们撰写《反重力建筑设计指南》，并分析失败案例，培养他们的总结归纳能力和写作能力。

游戏十 记忆碎片修复师

◆ **魔法袋**

用碎纸机将一个故事切成碎片，再准备一些透明胶，以简单的材料开启修复故事的挑战。

◆ **魔法驿站**

1. 让孩子们动手拼合物理碎片，如"找到巨龙翅膀残页"，锻炼他们的耐心和观察力。

2. 引导孩子们根据拼合的碎片，对缺失的情节进行推理，比如"翅膀上的伤痕说明它曾与机甲战斗过"，培养逻辑推理能力。

3. 最后，让孩子们撰写《记忆修复师工作日志》，将故事还原成一个完整的事实，提升写作能力。

这些游戏意义非凡。"魔法编程卡牌"引入了基础的编程逻辑，"时间悖论日记"助力孩子们理解跨时空因果关系，为他们打开思维创新的大门。"童话谣言破解站"中的舆情分析、"童话生态救援队"里的环境评估，培养孩子们的社会责任感，引导他们关注身边的事务。"记忆碎片修复师"构建证据链的过程，能培养孩子们的系统性思维，让他们学会有条理地思考问题。

这些游戏巧妙融合物理学中的反重力、声波知识，以及信息技术里的二进制、暗网知识，实现学科深度融合，拓宽孩子们的知识面。

在组织孩子们参与游戏时，可以采用实验室报告册的形式，系统整合他们的游戏成果。设立“跨维度学者”成就体系，用铝箔和硬纸板制作具有科幻感的成就徽章，再配套设计《魔法与科学年鉴》活页册，记录孩子们的创造性发现。这样不仅能增强孩子们的成就感，还能持续激发他们探索未知的热情。

家长们、老师们，快带领孩子们开启这些童话游戏吧！让孩子们在游戏中快乐学习，收获知识，茁壮成长。

走出童话城堡，迎接未来的奇遇

（适用六年级）

在小学阶段的语文教学中，六年级作为关键的冲刺时期，如何通过趣味活动提升学生的综合素养，同时减轻他们的心理压力，我认为，童话创意读写小游戏可以满足这两方面的要求。

现在，为大家精心呈现十个专为六年级学生设计的童话创意读写小游戏。这些游戏不仅能为孩子们带来欢乐，更能在玩的过程中锻炼他们的逻辑思维、创意写作和跨学科知识运用等能力。而且，游戏所需材料皆来源于生活，获取十分便捷。现在，就让我们一同走进充满趣味的童话游戏世界。

游戏一 童话宇宙编年史

◆ **魔法袋**

准备一张大尺寸的白色卡纸作为“宇宙画布”，收集彩色纸条、小贴纸以及不同颜色的水彩笔。这些材料在家中或学校美术课上都极易找到。

◆ **魔法驿站**

1. 引导学生共同讨论，确定童话宇宙主题，如“星际小精灵的冒险之旅”。随后，让学生在白色卡纸上绘制童话宇宙框架，包括不同星球、星系和神秘宇宙通道等元素。

2. 将彩色纸条剪成碎片，作为“历史事件碎片”。学生在碎片上写下童话宇宙中发生的重要事件，例如“小精灵在火星发现了神奇矿石”，并用小贴纸将其贴在宇宙画布的对应位置。

3. 学生用水彩笔按照时间顺序将这些事件连接起来，编写《童话宇宙编年史》，详细叙述每个事件的起因、经过和影响。该游戏能有效培养学生的想象力、时间观念以及写作能力。

游戏二 童话密码拼图

◆ **魔法袋**

选择一幅简单的童话主题拼图，并制作一套密码卡片。密码卡片可用硬纸板制作，卡片的一面绘制图案，另一面标注对应的字母或数字密码。

◆ **魔法驿站**

1. 打乱拼图，让学生观察拼图大致的模样，猜测童话场景。发放密码卡片后，告知学生需依据密码完成拼图。

2. 学生对照密码卡片，寻找拼图上相应的图案，按照密码顺序拼摆。比如若密码是“1- 树”，学生就要找出拼图中有树的拼片并按顺序放置。

3. 完成拼图后，学生根据拼图内容创作一个童话故事，融入密码拼图的冒险过程。该游戏有助于锻炼学生的观察力、逻辑思维能力和创意写作能力。

游戏三 童话法庭大审判

◆ **魔法袋**

准备写有各类童话角色的卡片，如小红帽、大灰狼、白雪公主等。同时，准备一些小道具，如用卡纸制作的“法官帽”、用积木充当“法槌”以及写有“证据”的小字条。

◆ **魔法驿站**

1. 学生抽签决定扮演角色，包括法官、原告、被告和证人。设定有趣的童话案件，例如“大灰狼偷吃了三只小猪的蛋糕”。

2. 游戏开始，原告陈述“遭遇”，被告进行反驳，证人提供证据。学生需运用合理的逻辑和语言展开辩论，模拟真实法庭审判的场景。

3. 由扮演法官的学生依据辩论和证据做出“判决”。审判结束后，学生以《童话法庭审判记录》为题，撰写文章记录审判过程，需涵盖案件情况、辩论和判决结果等内容。该游戏能帮助学生学会多角度思考问题，提升语言表达和逻辑推理能力。

游戏四 未来童话发明家

◆ 魔法袋

收集废旧物品，如塑料瓶、纸盒、吸管等，准备彩纸、剪刀、胶水等手工工具。

◆ 魔法驿站

1. 鼓励学生发挥想象，利用废旧物品设计并制作未来童话世界中的发明。比如用塑料瓶制作能自动浇水的魔法花盆，或用纸盒打造会飞的城堡。

2. 制作完成后，学生为自己的发明命名，并介绍其功能及用途。例如：“我发明的魔法花盆，只要对它说‘浇水’，它就能自动给花浇水，让花朵始终娇艳绽放。”

3. 学生撰写《未来童话发明家的故事》，讲述发明诞生的过程以及在童话世界中引发的有趣故事。该游戏既能锻炼学生的动手能力，又能激发他们的创新思维和写作灵感。

游戏五 童话元素大冒险

◆ 魔法袋

制作卡片，分别写上“魔法森林”“神奇药水”“会说话的动物”“神秘宝藏”等童话元素。准备一个骰子和一张大冒险地图，可绘制在黑板或白纸上。

◆ 魔法驿站

1. 将学生分组，每组轮流掷骰子。根据骰子点数在冒险地图上前进相应的格子，抽取一张童话元素卡片。

2. 抽到卡片后，小组依据该元素现场创编小故事，并将其与之前抽到的元素串起来。例如首次抽到“魔法森林”，讲述在森林中遇到小精灵的故事；再次抽到“神奇药水”，接着讲述小精灵给予主角神奇药水后发生的趣事。

3. 游戏结束后，每个小组将创编的故事整理成一篇完整的童话，命名为《童话元素大冒险》。该游戏可培养学生的团队合作能力、想象力和写作能力。

游戏六 童话歌曲创作秀

◆ 魔法袋

准备木鱼、沙锤、手铃等简单的乐器道具，若条件有限，也可用锅碗瓢盆代替。同时，准备记歌词的纸和笔。

◆ 魔法驿站

1. 让学生选择喜欢的童话，如《灰姑娘》，共同梳理主要情节。

2. 学生分组根据情节创作童话歌曲。先确定歌曲的节奏，用简单乐器打出节拍，再编写歌词。例如：“灰姑娘呀，她真善良，每天干活也不慌张。”

3. 各小组排练后进行歌曲表演。表演结束后，每个学生记录歌曲创作的过程、想法以及对童话的新理解。该游戏能让学生感受音乐与文学的融合，提升创造力和写作水平。

游戏七 童话梦境记录员

◆ 魔法袋

为每个学生准备一个精美的小本子作为“梦境记录册”，搭配一支彩色铅笔。

◆ 魔法驿站

1. 引导学生闭上眼睛，想象进入了童话梦境，其中可以包含喜爱的童话角色和有趣的故事。

2. 次日清晨，学生将想象的童话梦境记录在“梦境记录册”上。先用彩色铅笔画一些简单的插图，再用文字描述梦境内容和自身感受。

3. 定期组织学生分享童话梦境故事。分享之后，学生选择一个他人的梦境进行续写，创作新的短童话。该游戏可激发学生的想象力，锻炼其写作和阅读能力。

游戏八 童话角色交换日

◆ **魔法袋**

准备一些写有童话角色名字的卡片，如“孙悟空”“哈利·波特”“哆啦 A 梦”等。

◆ **魔法驿站**

1. 学生抽取卡片，扮演抽到的童话角色，模仿其语言、动作和性格特点。

2. 扮演结束后，学生以“我当（童话角色的名字）的一天”为题写一篇作文，详细描述扮演过程中的有趣经历以及对角色的新认知。

3. 组织学生分享作文，交流扮演角色的感受。该游戏能帮助学生深入理解童话角色，提升表演能力和写作能力。

游戏九 童话美食烹饪会

◆ **魔法袋**

准备面包片、水果、酸奶等简单的食材，以及小餐具。若条件允许，可准备小型烤箱、平底锅等烹饪工具。

◆ **魔法驿站**

1. 学生以童话为灵感设计独特的美食。例如依据《三只小猪》设计“小猪面包屋”，用面包片做房子，水果做装饰。

2. 学生动手制作童话美食，过程中要注意安全。制作完成后，为美食取一个有趣的名字。

3. 每个学生撰写一篇文章——《我的童话美食诞生记》，介绍美食的设计灵感、制作困难及解决方法，并描述美食的味道和外观。该游戏能锻炼学生的动手能力、想象力和写作能力。

游戏十 童话世界拍卖会

◆ **魔法袋**

学生准备自制的“童话宝物”，如画作、手工小物件或写有故事的小纸条。用自制的“金币”作为货币，用小锤子充当“拍卖槌”。

◆ **魔法驿站**

1. 学生轮流担任拍卖师，介绍自己的“童话宝物”及其奇特之处。例如，介绍一幅画时可说：“这是一幅展现魔法森林的画，据说晚上对着它许愿，愿望就会实现哟！”

2. 其他学生用“金币”竞拍心仪的“宝物”。拍卖结束后，学生撰写童话世界拍卖会见闻，记录拍卖会上有趣的“宝物”、竞拍的过程及自身感受。

3. 组织学生交流作文，分享拍卖会上发生的事情。该游戏能提高学生的语言表达、社交和写作能力。

这些游戏将童话与学习巧妙融合，让学生在欢乐之中锻炼多种能力，助力语文学习。家长们、老师们，快带领孩子们参与其中，让他们在童话游戏的世界里收获知识、快乐成长！

童话七彩虹

（作品展示）

树上的“猫尾巴”之谜

陈佳瑞（泰安市岱岳区山口镇中心小学 2019 级 2 班）

在一个宁静的小村落里，有一棵古老的杨树。路过的人看到这棵树，总会惊讶地喊道:“呀！快看，树上长着猫尾巴呢！”其实呀，树上并没有真的长出猫尾巴，而是上面住着一只可爱的小猫，她叫花花。说起花花的身世，那可有一段特别的故事。

花花刚出生的时候，就遭遇了不幸，她的妈妈去世了。而且因为花花长得不太好看，其他小猫都不愿意和她一起玩，还总是排挤她。花花心里特别难过，每天只能孤零零地待着，她特别羡慕那些能一起玩耍的小猫，却又不敢主动去和他们玩。

直到有一天，改变花花生活的事情发生了。她听到树上突然传来一个声音，抬头一看，原来是一只大猫。大猫早就注意到孤独的花花了，她不忍心看着花花一个人受苦，毕竟花花只是一只刚出生没多久的小猫呀！于是，大猫决定收留花花。花花听到有人愿意收留自己，高兴得不得了，她飞快地爬上树，来到大猫身边。就这样，她们成了亲密的母女俩。

从那以后，花花不再孤单。有了大猫的陪伴，花花逐渐变得乐观起来。大猫还教花花怎么捉老鼠，这样花花一个人的时候，也不用担心没有食物吃了。

日子一天天过去，大猫和花花的感情越来越好。只要花花受到别的猫欺负，大猫就会立刻挺身而出，吓跑那些欺负她的猫。而花花也很懂事，在大猫很累的时候，会出去捉老鼠来给大猫妈妈吃。

有一天晚上，花花睡不着，就让大猫妈妈讲故事。大猫妈妈讲起了自己小时候的故事。原来，大猫小时候也是一只没有妈妈的小猫，整天无精打采的。在她最伤心、最失望的时候，遇到了这棵杨树。下雨的时候，杨树为大猫遮风挡雨；太阳火辣辣的时候，杨树又成了大猫的遮阳伞。在没有妈妈的日子里，这棵杨树一直陪伴着大猫，给了她生活的希望。后来，大猫学会了捉老鼠，每次捉到老鼠，她都会先对杨树说一声："谢谢您！"然后才开始吃。

花花听了大猫妈妈的故事，也对这棵杨树充满了敬爱之情。她心想：要不是有这棵古老的杨树，自己也不会遇到这么善良的妈妈。

可是，世界万物都会变老。有一天，大猫妈妈病倒在床上，起不来了。花花特别担心，她捉来许多美味的老鼠，送给大猫妈妈吃，可大猫妈妈一口都吃不下。大猫妈妈强撑着身体，虚弱地对花花说："孩子，妈妈今天要去一个很远的地方，你不要担心妈妈，要照顾好自己呀。"花花懂事地点点头说："放心吧，妈妈，我会把自己照顾好的！"

大猫妈妈听了，放心地笑了。然后，她慢慢地走下树，一直向前走，来到了一片风和日丽的田野，在那里安详地睡着了。

从那以后，花花就一直住在树上。她相信，只要自己一直住在这里，大猫妈妈就一定会回来找她的。

就这样，每当人们经过这棵杨树时，都会好奇地说："快看！长在树上的猫尾巴！"而这个关于"猫尾巴"的秘密，只有花花知道。

评语：陈佳瑞同学，你的童话写得非常棒！故事情节完整，充满了温情，从孤独的花花遇到大猫，再到大猫和花花的相互陪伴，以及最后的离别，都写得很感人。你把小猫的情感变化刻画得很细腻，让读者很容易产生共鸣。而且通过大猫和杨树的故事，升华了主题，让文章更有深度。不过，在描写个别情节的时候，可以再增加一些环境描写，比如猫妈妈离开时，可以多描述一下田野的景色，衬托出当时的气氛。另外，在语言表达上，有些地方还可以再润色一下，让文字更加优美。继续加油，你在童话创作方面很有潜力！

会说话的卷心菜

佟安琪（泰安市岱岳区山口镇中心小学 2019 级 2 班）

在一个阳光明媚的春天的早晨，熊伯伯肩上扛着锄头，手里提着水桶，口袋里鼓鼓囊囊的，他这是要去做什么呢？

原来，熊伯伯来到了菜地。他先用锄头仔细地翻翻土，让土地变得松软。接着，他从口袋里掏出一个小包，上面写着："大森林牌卷心菜籽。"熊伯伯小心翼翼地把菜籽撒到土里，再轻轻地盖上一层土，最后提来一桶水，给土地浇上水。没错，熊伯伯正在种卷心菜呢。

过了几天，令人惊喜的事情发生了，卷心菜发芽了！嫩绿的小芽从土里探出头来，一下子把原本光秃秃的菜地装扮得漂漂亮亮。

这些卷心菜在春雨的滋润和熊伯伯的精心呵护下，像被施了魔法一样飞速生长着。没过几天，就已经长得又大又高了。

一个寂静的夜晚，忙碌了一天的熊伯伯在屋里睡得正香。这时，菜地里的卷心菜们却悄悄开起了会。你可能不知道，卷心菜其实会说话，而且说得还很清楚，只不过白天有人在的时候，它们可不敢出声，不然就会被发现啦。

一个最大的卷心菜皱着眉头，担心地说："我听说很多卷心菜长大后都被吃掉了，我们会不会也是这样的结局呀？""不会吧，"最小的卷心菜眨着眼睛说，"熊伯伯对我们这么好。"

一个高个子卷心菜却疑神疑鬼地说："他对我们好，不会是想把我们养大后，再把我们吃掉吧？"

听到这儿，所有的卷心菜都安静了下来。过了一会儿，它们又激烈地讨论起来，声音越来越大，把正在屋里睡觉的熊伯伯都吵醒了。熊伯伯迷迷糊糊地穿上鞋，轻手轻脚地走出门，想去看看是怎么回事。可卷心菜们聊得太投入了，对这一切全然不知。

熊伯伯蹑手蹑脚地走到菜地旁，"啊！"熊伯伯吃了一惊，但他怕吓到卷心菜，并没有发出声音。他简直不敢相信自己的耳朵，卷心菜居然会说话。

很快，卷心菜们就察觉到了不对劲。它们回头一看，一个个都惊呆了。熊伯伯因为年纪大了，晚上看不太清楚，便先回屋了。

第二天一大早，熊伯伯就穿好衣服，迫不及待地直奔菜地。他亲切地对卷心菜们说："孩子们，和我聊聊天吧！"

卷心菜们都愣住了，过了一会儿，最小的卷心菜壮着胆子说："你好，熊伯伯，我们可以聊些什么呢？"

熊伯伯想了想说："那你告诉我，你们是怎么说话的吧？"

"我们本来就会说话，只是平时不敢说。"小卷心菜回答道。

"我明白了，那你们以后能多和我聊聊天吗？"熊伯伯满怀期待地问道。

"当然可以。"卷心菜们异口同声地回答。

听到这，熊伯伯高兴地笑了起来，说道："让我来给你们讲讲我年轻时的故事吧，我年轻时想当超人……"

就这样，熊伯伯和卷心菜们一直聊到了天黑。熊伯伯虽然有点累，但他心里别提有多高兴了，仿佛回到了自己小时候，那段充满欢笑的时光。

然而，就在这天晚上，一群蜗牛经过长途跋涉，来到了熊伯伯的菜地。这些蜗牛一出现，卷心菜们可就遭殃了。蜗牛开始啃食卷心菜的叶子，这可把卷心菜们吓坏了，它们大声喊："救命！熊伯伯！救命啊，熊伯伯！"熊伯伯听到呼救声，顾不得东西南北，飞快地穿好衣服，抄起手电筒就跑了过来。熊伯伯环顾四周，看到一群可恶的蜗牛正在肆意地吃着卷心菜的叶子，他大吼一声，这声音震耳欲聋，就是远在千里之外也能听得清清楚楚。那些蜗牛瞬间被吓呆了，纷纷把头缩进了壳里。熊伯伯把蜗牛一个个拾进了一只罐子里，卷心菜们终于得救了。

第二天清晨，熊伯伯像往常一样来给卷心菜浇水。浇完水后，他们又在一起聊天。这时，最小的卷心菜怯怯地问："熊伯伯，你会吃了我们吗？"熊伯伯听了哈哈大笑，说道："我还没来得及把你们照顾好呢，又怎么会吃了你们呢？"卷心菜们听了，也都开心地笑了起来。

自从有了卷心菜的陪伴，熊伯伯每天都过得非常快活，而卷心菜们也在熊伯伯的保护下快乐地成长着。

评语：佟安琪同学，你的想象力太丰富啦！把会说话的卷心菜和熊伯伯之间的故事写得如此精彩，充满了童趣。故事情节很完整，从卷心菜的种植、开口说话，到遇到危险被熊伯伯救，再到它们之间的对话，都写得很有条理。对卷心菜和熊伯伯的语言、动作描写也很生动，让读者能感受到它们之间的情感。不过，在描写蜗牛出现和熊伯伯救卷心菜的部分，可以再增加一些环境描写，比如夜晚菜地的样子，突出当时紧张的气氛。另外，在描述卷心菜们讨论时，可以多一些表情和心理描写，让故事更加生动。继续加油，你在童话创作方面很有天赋！

鼹鼠的"冒险"

张娜瑜（泰安市岱岳区山口镇中心小学 2019 级 2 班）

在一个宁静的夜晚，小鼹鼠躺在床上，不一会儿就迷迷糊糊地睡着了。在梦里，小鼹鼠发现自己身处一个陌生的地方，周围的一切都很奇怪，他左看看，右看看，却怎么也找不到回家的路。小鼹鼠心里又害怕又难过，他拿起自己心爱的小提琴，拉起了一首忧伤的曲子。那音乐声如泣如诉，仿佛在诉说着小鼹鼠的孤独和无助，让听到的人都忍不住感到心碎。

这哀伤的音乐声引来了一群野狗士兵。其中一个野狗士兵说：“这只鼹鼠小提琴拉得真不错，如果把他送给大王，我们肯定能拿到丰厚的奖赏。来人，把他带到马上来！”于是，小鼹鼠被野狗士兵们带到了一个富丽堂皇的宫殿里。

小鼹鼠一走进宫殿，就被眼前的景象惊呆了。宫殿里金碧辉煌，到处都是闪闪发光的珠宝和华丽的装饰。在宫殿的正中央，有一个大大的宝座，宝座上坐着一只又黑又胖的老野猪。老野猪大声地抱怨着：“难道就没有一个厉害的乐师吗？我都听腻了这些无聊的音乐！”这时，一个野狗士兵赶紧走上前，讨好地说：“大王，我们给您找来了一位乐师，就是这位鼹鼠先生，他的小提琴拉得可棒啦！”老野猪听了，眼睛一亮，说：“哦？那你拉给我听听！”

小鼹鼠没办法，只好拉起了小提琴。他拉得特别认真，那婉转动听的旋律在宫殿里回荡。老野猪听着听着，脸上露出了满意的笑容。从那以后，小鼹鼠每天都要给老野猪拉小提琴。

有一天，小鼹鼠在宫殿里遇见了负责照顾老野猪的兔子小姐。小鼹鼠高兴地和兔子小姐打招呼，可兔子小姐却愁眉不展。小鼹鼠很奇怪，就问兔子小姐发生了什么事。兔子小姐叹了口气说：“老野猪经常欺负其他小动物，我不止一次看到他这样做，我心里真的很难过。”小鼹鼠听了，这才看清了老野猪的真面目，它决定想办法赶走老野猪，帮助那些被欺负的小动物。

这天，小鼹鼠故意不好好拉小提琴，拉出来的声音又刺耳又难听。老野猪听了，气得暴跳如雷，大声吼道：“你这是在干什么？竟敢糊弄本大王！来人，把这只鼹鼠关进大牢！”

兔子小姐知道了这件事，偷偷来探望小鼹鼠。她焦急地说：“鼹鼠先生，我该怎么救你呢？”小鼹鼠不慌不忙地说：“你把我的小提琴拿来，我有办法。”兔子小姐按照小鼹鼠说的，把小提琴拿了过来。

小鼹鼠拿起小提琴，拉起了一首悠扬的催眠曲。那美妙的乐声像一阵轻柔的风，飘进了负责看守的士兵的耳朵里，士兵们听着听着，就渐渐地睡着了。兔子小姐趁机从看守士兵身上找到钥匙，打开牢门，救出了小鼹鼠。

小鼹鼠和兔子小姐并没有马上离开，他们想到老野猪还在欺负小动物，就决定去教训一番老野猪。他们悄悄地溜进老野猪的宫殿，老野猪发现了他们，生气地用獠牙刺向小鼹鼠。可是老野猪太胖了，他的肥肉都快把獠牙包住了，连走动都很困难。小鼹鼠见状，拉起了一首悲壮的乐曲，那音乐声就像千军万马奔腾而来，气势磅礴。老野猪被这音乐吓得浑身发抖，转身就跑，直到逃出这片森林。

森林里的动物们听说老野猪被赶走了，都高兴得欢呼起来。为了庆祝，小鼹鼠还举办了一场音乐会。可是，就在小鼹鼠上场的时候，他一不留神，被地上的东西绊了一下，摔了一个大跟头……

"哎哟！"小鼹鼠突然醒了过来，他这才发现，原来这一切都是一场梦呀！

评语：张娜瑜同学，你的文章写得太棒啦！你构建的梦境充满了奇幻色彩，小鼹鼠在梦里的冒险故事特别精彩，从被野狗士兵抓走，到发现老野猪的恶行，再到想办法逃脱并赶走老野猪，情节紧张刺激，让人看得停不下来。对人物的描写也很生动，老野猪、兔子小姐和小鼹鼠的形象都很鲜明。不过呢，在描写音乐的时候，可以使用更多的比喻和形容词，让读者更能感受到音乐的魅力。比如形容小鼹鼠的音乐，除了"婉转动听"，还可以说"像春天的鸟鸣，清脆悦耳"。另外，在小鼹鼠和兔子小姐对付老野猪的部分，也可以把他们的动作和表情写得更细致一些，这样故事就更精彩啦！继续加油，你在写作方面很有天赋！

勇闯神秘岛

赵荣斌（泰安市岱岳区山口镇中心小学 2019 级 2 班）

在一片广袤无垠的森林里，生活着许多可爱的小动物。其中，有一只勇敢无畏的小狗，他叫宇宇。宇宇特别喜欢挑战自我，探索未知的世界，他还组建了一个冒险战队，队员有小羊乐乐、小猪可可和小熊点点。

有一天，宇宇心里又燃起了冒险的小火苗，他迫不及待地想要开启一场新的冒险之旅。可宇宇的妈妈却不同意，妈妈担心地说："宇宇，这几天你刚生过病，身体还没完全恢复，先休息几天再去吧。"宇宇却信心满满地回答："妈妈，我现在已经完全好了，您别担心啦！"说完，他便一溜烟跑了出去，然后给战队的队员们发消息："大家现在来广场集合！"

没过多久，队员们就都到齐了。宇宇站在大家面前，兴奋地宣布："明天，我们又要去冒险啦！明天早上七点半，我们在广场集合，乘坐火车前往神秘山。这次冒险大约需要十天，我负责带帐篷和其他用品，小羊乐乐带急救箱，小猪可可准备吃的和水，小熊点点带上攀爬装备。大家都记住各自要带的东西了吗？"

"收到！"队员们齐声回应。

"那现在，我们就回家准备东西吧！"宇宇说道。

"好！"大家纷纷散去。

第二天早上六点半，队员们陆续来到了广场，宇宇也早早订好了车票，准备出发。从森林到火车站通常需要三十分钟，可没想到早上交通拥堵，车子根本走不动。就在大家着急的时候，司机说："旁边有一条小山路，虽然路比较长，大约需要五十分钟，但现在走那条路可能更快。"宇宇果断决定："行，我们就走这条山路！"于是，司机迅速掉头，向小山路驶去。

大约五十分钟后，他们顺利坐上了火车，朝着神秘山进发。从森林到神秘山大约有两万千米，宇宇告诉大家："我们到神秘山需要十个小时，大家先吃点东西，补充好体力。"

"好的！"队员们纷纷拿出食物，开心地吃了起来。

十个小时过去了，天色渐渐暗了下来，他们终于到达了目的地。他们在山后搭了两个帐篷，作为今晚的临时住所。夜里，帐篷外不时地传来各种动物的叫声，小羊乐乐听得心里直发毛，实在忍不住了，就跑出去想看个究竟。这一看可不得了，山上有好多陌生的动物，有狼、大猩猩、猴子等。小羊乐乐吓得脸色苍白，赶紧跑回帐篷，躲在被子里瑟瑟发抖。

第二天早上，阳光洒在帐篷上，队员们收拾好行李，开始向神秘山攀登。这里的树木高大茂密，四周弥漫着浓重的雾气，神秘又安静，仿佛隐藏着许多不为人知的秘密。森林里的动物们都不敢轻易来这里，可宇宇他们却毫不畏惧，勇敢地迈出了第一步。

他们爬呀爬呀，三个小时过去了，小羊乐乐和小熊点点累得满头大汗，气喘吁吁。小羊乐乐一屁股坐在地上，有气无力地说："唉，爬山太累了，咱们休息会儿吧。"小熊点点也跟着瘫坐在地上，连连点头。此时，他们所在的这片平地被雾气笼罩着，四周安静得有些吓人，连一只动物的影子都看不到。

休息了一会儿后，他们又继续前进。刚爬到半山腰，周围的风景变得更加神秘奇幻。突然，宇宇听到一阵微弱的呼救声："宇宇、乐乐、点点，快来救我！"宇宇心里一惊，赶紧清点队员，这才发现小猪可可不见了。他心急如焚，循着声音的方向，毫不犹豫地冲了过去……

（未完待续）

评语：赵荣斌同学，你的冒险故事写得太精彩啦！你构建了一个充满神秘色彩的冒险世界，从出发前的准备，到旅途中遇到的各种状况，再到神秘山上的惊险情节，都写得引人入胜，让读者仿佛身临其境。对人物的刻画也很生动，通过语言和动作描写，展现了宇宇的勇敢果断、小羊乐乐的胆小等特点。不过，在描写神秘山的环境时，可以再多运用一些修辞手法，比如比喻、拟人，让环境描写更加生动形象，突出神秘的氛围。另外，在人物的心理描写上还可以再加强些，比如小羊乐乐看到陌生动物时的害怕心理，这样能让读者更好地感同身受。继续加油，你在写冒险故事方面很有天赋！

云云的小伙伴

朱宝婷（泰安市岱岳区山口镇中心小学2019级2班）

在一个美丽的夜晚，小兔子云云来到天边玩耍。她划着一艘小船，悠悠荡荡地去看星空。

小船在夜空中缓缓前行，云云抬头望着璀璨的星空，眼睛里闪烁着好奇的光芒。突然，她看到了一颗星星，这颗星星又大又亮，在夜空中格外耀眼，就像一颗闪闪发光的宝石。

云云兴奋极了，她大声地问："星星，星星，你还好吗？"可是，星星似乎没有听见她的话。

于是，云云提高了嗓门，再次喊道："星星，星星，你还好吗？"这次，星星终于听到了，他一边做着伸腿运动，一边回答："我还好呀！"可能是因为做运动太投入了，星星一不小心掉进了云云的小船里。

云云又惊又喜，她对星星说："你跟着我回家吧，我会对你很好很好的！"星星开心地答应了。

回到家后，云云可热情啦！她给星星准备了一个充满星空元素的房间，房间里有像星空一样的床，还有各种印着星空图案的衣服。就连吃饭用的勺子、筷子和碗，上面也印着美丽的星空呢！

这天，放学回家的时候，云云还带回来了一朵美丽的云。这朵云又大又美，谁看了都喜欢。

从那以后，小兔子云云、星星，还有白云，成了特别好的朋友。他们约定，要一直互相陪伴，谁都不许欺负朋友，更不能出卖朋友。在这个充满爱的小家里，他们每天都开开心心的，一起度过了许多美好的时光。

评语：朱宝婷同学，你的文章充满了想象力，小兔子和星星相遇的故事真美好呀！你把星星的出现、小兔子对星星的照顾都写得很生动，让大家感受到了他们之间纯真的友谊。而且语言很灵动活泼，读起来特别有趣。不过呢，在描写他们成为好朋友后的生活时，可以再多写一些具体的事情，比如他们一起做了什么好玩的游戏，发生了哪些有趣的故事。这样能让故事更加丰富，读者也能更好地感受到他们的快乐。继续发挥你的想象力，老师期待看到你更棒的作品！

换个妈妈，怎么样?

张舒窈（泰安市岱岳区山口镇中心小学 2019 级 2 班）

一天，西朵妮犯了错误，妮妈妈罚她关禁闭，不许她出门。这可把西朵妮气坏了，她大声喊道:“我受不了了，这个妈妈太凶了。”西朵妮心里还想着:我真想换一位妈妈。

经过再三考虑，西朵妮决定换妈妈。很快，家门外就排起了长长的队伍，都是想当西朵妮妈妈的人。

第一位妈妈走进来。西朵妮问道:“你会干什么？”这位妈妈拿出彩泥，不一会儿就捏出了各种各样可爱的小动物。她温柔地说道:“怎么样？我是不是个好妈妈？”

西朵妮犹豫了一下，说:“您捏的彩泥真好看，真的，非常感谢您！只是……”

“只是什么？”

“只是还缺一支小乐曲。”西朵妮叹了口气。

“小乐曲？什么小乐曲？”这位妈妈一头雾水。她很失望，只好关上门离开了。

第二位妈妈进来了，她的脸和第一位妈妈一样红扑扑的。

“那么，”西朵妮问道，“您会做什么呢？”

这位妈妈二话不说，拿出几张纸，和西朵妮一起画画、做游戏，她们玩得十分开心。

玩完后，这位妈妈满脸笑容地问：“怎么样？我难道不是最温柔的妈妈吗？”

这次，西朵妮又犹豫了：“哦……虽然温柔的妈妈很好，真的……可是……”

“可是还缺少一支小乐曲！”西朵妮无奈地说。

“小乐曲？什么小乐曲？”这位妈妈也不明白。她同样很失望，关上门离开了。

第三位妈妈进来后，拿出几张彩纸，几下就剪成了一幅美丽的窗花……

然而，西朵妮还是说：“缺少一支小乐曲。”

正当门外的妈妈们都在讨论小乐曲是什么的时候，一位妈妈冲出来喊道：“我很会打人，我可以打出一支小乐曲。”西朵妮吓得撒腿就跑，那个妈妈在后面紧追不舍。

跑着跑着，西朵妮家里飘出一阵悠扬的乐曲，结束了这场追逐。西朵妮终于明白自己想要的妈妈是什么样的了。

评语：张舒窈同学，你写的故事充满了奇思妙想！西朵妮换妈妈的情节特别有意思，你把每个妈妈的表现和西朵妮的反应都写得很生动。不过呀，要是能把西朵妮心里想的“小乐曲”到底是什么，在故事里解释得更清楚一些，大家就能更好地理解这个故事啦。继续加油，老师期待你更精彩的作品！

金蛋国王

张羽昕（泰安市岱岳区山口镇中心小学2019级2班）

在一片大森林里，有一个名叫“蛋蛋王国”的国家。在这里生活的不是人，而是一个又一个蛋蛋，他们的生活既温馨又和谐。

这天，蛋蛋王国迎来了新一任国王，是一个金色的蛋。村民们很纳闷，可都不敢问。

一天，新国王吩咐士兵，召集村民们。大约过了 15 分钟，村民们都到齐了。

国王对大家说："你们想知道我为什么是金色的，对吧？这我都清楚。"村民们纷纷说"对"。

国王接着说："其实我们蛋蛋家族几百年来，有一件 99% 的人都不知道的事情。那就是，如果你一天之内能做三件好事，那么你的蛋壳就会变颜色。做了一件好事，蛋壳就会变成铜色，做完第二件好事就会变成银色，等做完第三件好事的时候就会变成金色！"

听国王说完，村民们都十分惊讶，张大了嘴巴。

国王为了让大家懂得善良这个品质，又说："只要你能变成金蛋，你就是下一任国王。"众人纷纷叫好。

蛋蛋王国里有一个小蛋，名叫木可。木可听说了这个消息，准备和朋友可丽一起去隔壁的开心森林做好事。

第二天清晨，木可和可丽出发了。在路上，他们心想：我们一定要在一天之内帮助三个人，成功变成金色的蛋，成为这个王国的下一任国王！

走着走着，他们听见了哭声，听起来像是一位小弟弟发出的。他们循着哭声寻找，发现是一位可爱的小朋友。原来小朋友在公园里不小心跌倒了，他们连忙一起把小弟弟扶起来。

接着，奇迹发生了，木可和他的朋友可丽一下子都变成了铜蛋。可丽说："我们做了一件好事，太棒了！"木可说："哦！是呀，太棒了！我们只需要再做两件好事，就可以变成金蛋了！"

他们又继续走啊走，突然听到一阵声音："哎哟！哎哟！好重啊！早知道就不买这么多胡萝卜了。"一听就知道是一位年迈的老奶奶。

果然，是一位老奶奶。他们帮助老奶奶把买的胡萝卜送回了家，接着他们又变成了银蛋。

虽然已经帮助了两个人，但太阳快下山了，好像已经没有人需要帮助了，他俩的心情十分低落。这时，可丽不小心跌倒了，木可细心地帮她包扎。因为木可又做了一件好事，他成功地变成了金蛋！

回到王国以后，国王对他说：“恭喜你呀！木可，你成功变成了金蛋，说明你有善良的品德，所以，你就是下一任国王了！”木可听了之后，惊喜万分。

从此，木可还帮助了很多人。等到国王过世后，木可当上了新国王，他也带领着村民们一起帮助别人，让大家都养成了乐于助人的习惯。

评语：张羽昕同学，老师读完你的故事觉得特别有意思！蛋蛋王国的设定很新奇，故事情节清晰，木可和可丽做好事变成金蛋的过程也写得很生动，读起来充满童趣。不过呢，要是再增加一些细节，比如木可和可丽帮助别人时的对话、动作等，故事就会更精彩啦。继续加油吧！

小熊笨笨

梁宇涵（泰安市岱岳区山口镇中心小学 2019 级 2 班）

在一个古老的森林里，住着一只可爱的小熊，名叫笨笨。它有一个好朋友，是聪明伶俐又自律的小鸟聪聪。聪聪就像它的名字一样，十分聪明，它和笨笨是一对非常要好的朋友。

笨笨特别喜欢睡懒觉，而聪聪却很喜欢和笨笨一起出去游玩、做游戏。

平时都是聪聪叫小熊笨笨起床，可每次聪聪都要叫好久，笨笨才会慢悠悠地从睡梦中醒来，然后懒洋洋、慢吞吞地起床，嘴里还不停地嘟囔着：“为什么不让我再多睡一会儿呢？”

小鸟聪聪很无奈，有时它不得不用喇叭去叫小熊笨笨，笨笨这才依依不舍地起床。

突然有一天，小熊笨笨睡到了自然醒。醒来后，笨笨十分疑惑，为什么这次小鸟聪聪没有来叫它起床呢？这时，它看到小鸟聪聪正和小狗快快有说有笑地从洞口走过！

小熊笨笨心里一阵难过，急忙跑出去问：“小鸟聪聪，你为什么没有叫我起床？你为什么还和小狗快快在一起！”

小鸟聪聪生气地说：“我不想和你一起玩了，每次叫你起床都要花好长时间，你还不耐烦。你自己玩吧，我要跟小狗快快去玩。”

说着，小鸟聪聪拉了拉小狗快快的手，对小狗快快说：“我们走，别理它。”小狗快快一边跟着小鸟聪聪走，一边还冲小熊笨笨做鬼脸。

小熊笨笨站在那里，一时间不知所措。过了好一会儿，它才反应过来，生气地对着空气喊道：“不和我玩拉倒，我也不跟你玩，我又不是没有别的朋友。”

小熊笨笨在森林里遇到其他小动物，就想和它们一起玩，可大家都不愿意和它玩。小熊笨笨跑到一个没人的地方，伤心地哭了起来。哭着哭着，小熊笨笨睡着了。

醒来时，小熊笨笨有些迷茫，它记得自己刚刚还在小溪边，怎么突然就回到家了呢？这时，小鸟聪聪从洞口飞进来，落在小熊笨笨身边，开心地说：“你今天真的好棒呀！我没叫你，你就自己起床啦！”

这时，小熊笨笨才发现，原来刚刚发生的一切都是一场梦。

小熊笨笨对小鸟聪聪说：“我以后会按时起床的。”小熊笨笨心里暗自庆幸：幸好只是一场梦。

评语：梁宇涵同学，你写的这个故事很有意义呢！通过小熊笨笨的梦，让大家明白了不能总是睡懒觉，要珍惜朋友之间的情谊。故事里对小熊笨笨和小鸟聪聪的语言、动作描写都很生动，让我们能感受到它们的心情变化。要是在描写小熊笨笨做的梦时，再增加一些细节，比如森林里其他小动物看到它被拒绝时的反应，这个梦就显得更加真实啦。加油哟！

星际英雄阿基斯·卡米

张晨语（泰安市岱岳区山口镇中心小学2019级2班）

1. 姓名：阿基斯·卡米

2. 绰号："沉睡一百年"

3. 年龄：四百岁

4. 国籍：卡米·外行星地球

5. 外貌：有一双大大的眼睛，金色的瞳孔，一对精灵似的耳朵，嘴巴很大，牙齿尖尖的，模样十分凶猛！

6. 技巧：（1）能修理被破坏的小行星星球；（2）打架很厉害；（3）会做茶饭

7. 弱点：（1）一被人打败就会沉睡一百年；（2）不会开飞船；（3）不伤害小行星上的动物

8. 害怕的东西：（1）黑夜；（2）光亮的地方

9. 最引以为豪的事：打败了阿水（最大的霸王）

10. 秘密：指甲长到二十厘米的时候才剪

11. 最要好的朋友：阿期巴搭

12. 好习惯：吃饭前要洗手

13. 坏习惯：睡觉的时候吃手

14. 愿望（梦想）：当上小行星的总统

阿基斯·卡米打败霸王

有一天，阿基斯在小行星星球上和火星总统掰手腕。

哨声一响，比赛开始！

面对如此强大的对手，阿基斯手臂上的青筋暴起，布满了整个胳膊，就像一条条神龙盘在身上！而对手却一脸不屑，还时不时地戏弄阿基斯，这让阿基斯十分气愤。他咬紧牙关，瞪大眼睛，仿佛再用力一些，头上就要喷出鲜红的血。

比赛进行了十分钟，还是难分胜负。

紧接着倒计时开始了，听到裁判的倒计时，阿基斯有些慌了！

“3、2、1”，阿基斯猛地一发力。

阿基斯赢了！这场胜利让阿基斯在这个小行星上有了“小霸王”的称号。

然而，水星星球上的阿水听说了这件事，心里很不服气。因为在这些星球上，阿水才是大家公认的最强霸王，没有谁能比得上他！

阿基斯得知阿水要来和他打擂台，便提前一个月开始健身。

终于到了打擂台的日子！阿水一上擂台就杀气腾腾，而阿基斯毫不畏惧，大步走上前去。

比赛开始！

阿水一个动作就把阿基斯绊倒在地，观众们都以为阿水赢定了，阿水也洋洋得意地看着大家。没想到，阿基斯突然发力，把阿水抱起来，扔到了擂台外。

比赛结束，阿基斯赢啦！台下响起一片欢呼声！

阿基斯终于打败了这个星球上的霸王！

评语：张晨语同学，你创造的阿基斯·卡米这个人物很有特点，还把他的各项信息都写得很详细，让大家一下子就记住了他。掰手腕和打擂台的情节也写得很精彩，紧张感十足。要是在描写战斗过程时，能多加入一些阿基斯的心理活动，比如比赛时他心里在想什么，会不会害怕，这样故事就更能吸引读者啦！

王冬冬的奇妙冒险

陈婉心（泰安市岱岳区山口镇中心小学2019级2班）

1. 姓名：王冬冬

2. 绰号：果冻

3. 外貌：一头黄发，一双大眼睛

4. 强项：画画

5. 弱点：害怕虫子

6. 自豪的事：做手工

7. 秘密：会魔法

8. 好习惯：早起跑步

9. 坏习惯：不爱干净

10. 好朋友：李牛牛

11. 国籍：冬冬国

改掉坏习惯的王冬冬

在冬冬国里，有一个十岁的小女孩，名叫王冬冬，外号叫果冻。她有一双大眼睛，一头金色的长发，经常穿着一条蓝色公主裙，手上戴着蓝色手镯，脚上穿着蓝色公主鞋。

王冬冬的强项是画画，她卧室的墙上挂满了自己的画作。

有一天，王冬冬下定决心，要改掉自己不爱干净的坏习惯。

她走啊走啊，翻过了一座座山，看到了一间小木屋。王冬冬心想自己正好累了，就想进去休息一下。她走进木屋，看到了一位老奶奶。老奶奶一眼就认出了王冬冬。

老奶奶说："听说你画的画能变成真的，你能把我的女儿画在纸上，变出来吗？"

王冬冬回答："可以。"

接着，王冬冬把老奶奶的女儿画在纸上，用眼睛扫了一下，老奶奶的女儿就从画里变了出来。

老奶奶开心地问王冬冬：“你这次打算改掉什么毛病呀？”

王冬冬说：“我想改掉不爱干净的坏习惯。”

老奶奶给了王冬冬一幅地图，说：“你按照地图上的路线走，走到山洞里，会遇见一位仙女，她能帮你改掉这个坏习惯。”

王冬冬谢过老奶奶，就朝着山洞出发了。她走进山洞，真的看到了仙女。仙女说：“我养的花枯萎了，你能给我变一朵花吗？”她一挥手，变出了一朵美丽的玫瑰花。

仙女问她：“你来找我，是想让我帮你改掉什么毛病呀？”王冬冬问：“你能帮我改掉不爱干净的坏习惯吗？”

“没问题。”

只见仙女一挥手，就帮她改掉了不爱干净的毛病。

改掉毛病后，王冬冬又可以和李牛牛做好朋友了。

评语：陈婉心同学，你写的故事充满了奇幻色彩！王冬冬用画画帮助老奶奶，又通过仙女的魔法改掉坏习惯的情节很有意思。你把王冬冬的外貌和特点都介绍得很清楚，让大家能很好地想象出她的样子。要是在描写王冬冬改掉坏习惯后的变化，以及和李牛牛再次成为好朋友的情节上，再多花些笔墨，故事就会更完整啦！

我和哆啦 A 梦的梦幻之旅

王传彬（泰安市岱岳区山口镇中心小学 2019 级 2 班）

今天晚上，我睡得格外早，因为白天和妈妈、姐姐出去买东西，逛了一下午，累得我脚都酸了。回到家，我洗完澡就上床睡觉了。

睡了一会儿，我听到有人叫我。我抬起头一看，哇！这……这不是哆啦 A 梦吗？我惊讶得差点说不出话来。

过了一会儿，我才回过神，问哆啦A梦："你怎么会在这儿呀？我不是在做梦吧。"

哆啦A梦回答道："哎哟喂，我不想跟大雄过那种无聊的生活啦，所以来这个世界找点乐趣。"

"既然来了，我就带你玩玩吧。"说完，哆啦A梦从他的百宝口袋里拿出一个竹蜻蜓，放在我的头上，然后带着我从窗户飞了出去。

我们飞呀飞呀，开心极了。突然，我往下一看，吓得腿脚发软，身体直往下坠。多亏哆啦A梦及时帮我调整姿势，才恢复了平衡。

我们朝着大山飞去，速度可快了，一下子就飞到了山上。山上全是雪，在蓝天白云的映衬下，整座雪山晶莹剔透，美极了！我尽情地呼吸着雪山上新鲜凉爽的空气。我和哆啦A梦在雪地上开心地玩耍、追逐、打雪仗。

玩了一会儿，我对哆啦A梦说："我们一起堆个雪人吧。"

哆啦A梦说："好呀，我们堆一个大大的雪人。"

我们滚了两个超大的雪球，把它们堆在一起。哆啦A梦从口袋里拿出一根胡萝卜当雪人的鼻子，又拿出两颗紫色的葡萄做雪人的眼睛，我找了一根弯弯的树枝当雪人的嘴巴。哆啦A梦还拿出一条红红的围巾给雪人戴上，雪人看起来真好看！哆啦A梦可高兴了，他说这是他第一次堆雪人。我们还一起拍了照片留念呢。

玩累了，我们静静地看着蓝天、白云。突然，我一转头，发现哆啦A梦不见了。我四处寻找，却怎么也找不到他。我想，他一定是回去了。我真希望他能一直留在我身边呀！

评语：王传彬同学，你写的和哆啦A梦过一天的故事好有趣呀！把和哆啦A梦一起飞行、玩雪、堆雪人的过程写得生动极了，让老师都能感受到你的快乐。要是能把哆啦A梦的表情、动作描写得更细致一些，比如他拿出道具时的样子、看到雪人时惊喜的表情，故事就会更加精彩啦。继续加油！

我和木朵朵的奇幻之旅

刘沐馨（泰安市岱岳区山口镇中心小学2019级2班）

木朵朵和我一样，是一位11岁的四年级小学生。她擅长攀爬、躲藏，是个天生爱笑爱闹、有些霸道任性又有点犟脾气的小姑娘。

事情是这样的：我正在看书，房间里突然出现一道白光，接着我听到有人在白光里说：“你好呀！”

光渐渐消失，站在我面前的就是木朵朵。

她倒一点儿也不认生，在房间里东看看西瞧瞧，然后神秘兮兮地对我说：“你得跟我回去！”

说完，她就在我的书架上找来找去。我知道她在找那本写她的书，就对她说：“你是在找这本《仙女座女孩》吗？”

听我这么说，她停了下来，回头看了我一眼，说：“对。打开它，翻到第57页。”

我把书翻到第57页后，她接过书，在书上吹了口气，然后把书放在地上，书上立刻出现了一道裂缝，木朵朵拉着我的手就跳了进去。

我们来到了杜鹃花小学，见到了杜鹃老师。她是一位漂亮的姐姐，也是杜鹃花小学唯一的老师。

木朵朵对杜鹃老师说：“老师，我找到了一位和我一样可以帮你的人。”说完，就把我从后面拽了出来。杜鹃老师让我们先去木朵朵家等着她，说她很快就到。

我们到了木朵朵家，等了一会儿，杜鹃老师就来了。杜鹃老师对我们说：“我要交给你们一个任务，你们得帮我照看一天杜鹃花小学的其他学生。”

我们胸有成竹地对杜鹃老师说：“放心吧，老师，我们会照顾好他们的。”

杜鹃老师说完就下山了。我们便去了杜鹃花小学，细心地照顾着一年级、二年级和三年级的小学生。有小朋友摔倒了，我们赶紧扶起来安慰；有小朋友闹别扭了，我们就耐心地调解。

当太阳快下山的时候，杜鹃老师回来了。她背后仿佛藏着什么东西，但又不给我们看。只是问我们：“你们今天过得好吗？”

我们不懂她背后的玄机，只是一个劲儿地说：“很好，很好……”

这时，杜鹃老师从背后拿出两个东西对我们说：“很好，这是奖励你们的。”

我看了一看，杜鹃老师给我的东西是个小盒子，木朵朵的也是一样的小盒子。我们两个拆开后发现里面是一个漂亮的手链。木朵朵的是粉红色的，我的是绿色的。杜鹃老师对我们说：“这是送你们的礼物。”我们谢过老师后，木朵朵就把我送回来了。

不得不说，这真是一次奇妙又难忘的旅行啊！我心里盼着，以后还能再有机会和木朵朵一起经历更多有趣的事。

评语：刘沐馨同学，你写的和木朵朵的故事充满了神秘感和趣味性！从木朵朵的出现，到你们一起去杜鹃花小学完成任务，情节连贯又吸引人。你把木朵朵的性格特点刻画得很鲜明，让这个人物跃然纸上。不过在照顾小学生的部分，要是能多写一些和小朋友们互动的具体情节，比如和某个小朋友之间有趣的对话，故事就会更加丰富啦。老师相信你下次能写得更精彩！

后记

在童话的田野上，种下希望的种子

岁月如潺潺溪流，悄然流过无数日夜。回首与孩子们共度的时光，那些在童话世界里耕耘的岁月，再次浮现在眼前。孩子们的欢声笑语、琅琅书声，以及书写时笔尖摩挲纸张的沙沙声，交织成一曲动人的乐章，在我的脑海里久久回荡。此刻，手捧着这本即将付梓的书稿，我的内心充盈着感慨，更有些不可置信的感觉。

难以想象，如果没有张文质老师一直以来对我的引领和鼓励，我怎能以如此坚定的信心，带领同学们在童话的原野上自由奔跑。尤其，作为一名普普通通的乡村教师，如果不曾遇到张老师，我根本不可能以他“儿童立场”的理念，“想大问题，做小事情”，在过往的教学岁月里，每个学期整理数十本班级图书、指导孩子们“出版”属于他们自己的作品集，并使之成为我们教育生活习以为常的一部分。

我始终坚信张文质老师所言：“生命化教育有一个很重要的特征：它必须具有实践的可能性和勇气，即你必须去实践、去推动、去尝试，才能知道什么是生命化教育。”正是在这样的理念指引下，孩子们拥有了个人作品集，这不仅是语文教育不可或缺的重要环节，更是激发孩子们创造力和表达欲的有效途径。这些作品不仅承载着培育语文核心素养的使命，更在孩子们的成长中悄然生发着无穷的内在能量。

然而，当文质教育研究院的李晓霞院长提议把我带同学们读写童话的经历与实践做法整理成书时，我却一度陷入迷茫。曾经，我认为语文教师的价值主要体现在学生的成长上，个人是否出书并非关键。但李院长的建议，恰似一束光，为我照亮了前行的方向。特别是参加了第十一期张文质教育写作研修班之后，我逐渐领悟到，出版一本书的意义并非为了个人荣耀，而是以此种方式为更多教育同行和孩子们打开一扇窗，让他们领略到童话读写的独特魅力，进而从中汲取读写的力量。

2024 年暑假，我毅然踏上了这段充满挑战却意义非凡的写作征程。在自己写下两千多篇文章的“佟生童话”公众号以“童话”为关键词，我竟搜索出八百多篇文章，这一结果既让我惊喜，又让我倍感压力。惊喜的是丰富的素材为写作提供了坚实的基础；压力则源于如何从众多文章中筛选出最契合本书主题、最能体现童话读写理念与实践经验的内容。我逐篇研读，精心筛选，依据本书的主题架构，重新构思，撰写相关文章。

我渴望将和学生共读共书，尤其是童话读写的点滴经历，系统且全面地呈现。尽管日常积累了丰富的素材，但要将这些素材整合为一本条理清晰、富有深度的书籍，着实需要耗费大量的心血与时间。那些日子里，无数个深夜，我独自面对电脑屏幕，仔细琢磨每一个段落、每一句话，反复修改、精心删减、不断增补，只为让文字精准地传递我的实践感悟与教育思索。

终于，在 2025 年初，我完成了这本书的初稿，并在李晓霞院长的专业指导下几度重整、反复改稿。我清楚地知道，这只是一个阶段性成果，尚有许多需要完善之处。但即便如此，我仍感到无比欣慰。因为这意味着我已勇敢地迈出重要的一步，也用实际行动证明了，即便身处乡村小学，只要心怀热忱、不懈努力，同样能够创造出属于自己的“童话”。

我要特别感谢我的写作导师、也是生命导师——张文质老师，他是我教育路上的引路人，他的教育理念影响着我教育实践的每一步，他的推荐对我而言是莫大的鼓励。

我要感谢孙明霞和程锐刚两位老师为本书撰写的序，他们以专业的视角和深厚的教育情怀，为这本书增添了独特的价值。

我要感谢普利辉、崔丽华、彭峰、陈志红几位老师倾心撰写的推荐语，因为大家的厚爱和帮助，让这本书有了更广泛传播的可能。

当然，我还要把最深的谢意献给可爱的孩子们，是他们的天真烂漫，让童话世界充满了生机与活力；是他们的奇思妙想，让我看到了教育最美好的模样。这本书，是他们成长的见证，也是我们共同创造的美好回忆。

带着这一份份感恩，我将继续在教育的道路上前行，努力为孩子们创造更美好的教育体验。我也期待通过这本书，能够吸引更多教师加入童话教学这个充满惊喜的行列，我们一同在童话的田野上辛勤耕耘，种下希望的种子，共同收获孩子们成长的喜悦。